中韩图书馆实用手册

魏成光　赵　源　吕盈盈　著

國家圖書館出版社

图书在版编目（CIP）数据

中韩图书馆实用手册/魏成光，赵源，吕盈盈著. —北京：国家图书馆
出版社，2013.1

ISBN 978 – 7 – 5013 – 4828 – 2

Ⅰ.①中…　Ⅱ.①魏…　②赵…　③吕…　Ⅲ.①图书馆利用—手
册—汉语、朝鲜语　Ⅳ.①G252.65 – 62

中国版本图书馆 CIP 数据核字（2012）第 171068 号

责任编辑：王涛　高爽

书名　中韩图书馆实用手册

著者　魏成光　赵源　吕盈盈　著

出版　国家图书馆出版社（原北京图书馆出版社）
　　　　（100034 北京市西城区文津街 7 号）

发行　010 – 66139745　66151313　66175620　66126153
　　　　　　　66174391（传真）　66126156（门市部）

E – mail　cbs@ nlc. gov. cn（投稿）　btsfxb@ nlc. gov. cn（邮购）

Website　www. nlcpress. com→投稿中心

经销　新华书店

印刷　北京科信印刷有限公司

开本　880×1230（毫米）　1/32

印张　3.75

版次　2013 年 1 月第 1 版　2013 年 1 月第 1 次印刷

字数　100 千字

书号　ISBN 978 – 7 – 5013 – 4828 – 2

定价　36.00 元

序

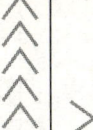
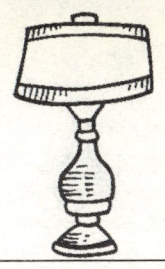

近年来，随着中国经济的高速发展，国际化趋势日益显著，中韩两国在科学、技术、文化、艺术、教育等领域间的交流也越来越频繁，大量韩国人来到中国从事商业活动或到中国的大学学习中国文化与技术。仅以清华大学为例，2010 年清华大学录取各类长期留学生近2000 名，同时招收相当数量的汉语进修生，其中来自韩国的学生占有相当大的比例。高校图书馆作为学校的文献信息集散中心，自然是留学生们获取文献资源的最重要场所，也是外国留学生了解中国文化的一个窗口。如何满足不同文化的韩国人群体的信息需求，提高图书馆多元文化信息服务质量，是我国图书馆界当前面临的一个新课题。图书馆能否为他们提供韩国语服务可以说是其中最重要的一个环节。目前也有很多图书馆都在酝酿增加图书馆服务的语言种类，而韩国语图书馆会话方面的教材或参考书仍然是国内市场的空白，我认为《中韩图书馆实用手册》的出版正可谓是及时雨。

清华大学图书馆一直秉承以"读者为中心、服务为主导"的办馆理念，主动为读者提供最优质的服务。近百年前，第一任馆长戴志骞先生从美国留学归来，带回了当时最为先进的图书馆管理理论和服务思想。在今天看来，当年他所提出的服务要求，仍不失为图书馆馆员应该恪守的服务规范。这种尊重读者、重视服务的理念已经成为清华图书馆传承并发扬的一种传统、一种文化，也潜移默化地影响着一代又一代新馆员。本书的主要作者魏成光是我的同事，2011年毕业于韩国国立釜山大学文献情报系，获得情报学博士学位，同时担任韩国国立釜山大学社会科学研究所客座研究员、韩国文献情报学会会员。在去韩国留学前，他先后在清华大学图书馆人文分馆、美术分馆工作过，学成归国后又选择继续留在

清华大学，目前在我校人文社科图书馆担任学科馆员。另外，他还是我学习 SPSS 软件的启蒙老师。在得知本书即将付梓的消息后，我深为年轻同事主动探索深化服务的精神所感动，也很佩服他们能够在工作之余付出大量时间和精力完成书稿工作，更为他们的成绩而感到骄傲。因此，受邀作序时，我欣然从命。

本书内容涵盖面广，其主要内容包括：图书馆礼貌用语、图书馆介绍；与图书阅览和借阅相关的图书目录检索、图书查找、图书借阅、预约与续借、馆际互借、还书与罚款等内容。与网络信息检索和利用相关的知识，如电子阅览室利用、数据库检索等内容。以对话体的形式，全面介绍了韩国人在利用图书馆时常用的对话和遇到的各种问题，并特别列出了相关的图书馆学专业词汇。本书不仅可以极大地方便韩国人利用中国的图书馆，方便其和中国的馆员进行语言沟通，同时也可以作为中国的馆员在提供韩语服务过程中学习和参考的教材。希望这本《中韩图书馆实用手册》能够为两国图书馆界的同行在读者服务中提供助益！

邵敏
2012 年 12 月
于清华园

서문

초고속 경제성장을 달성하고 나날이 더해가는 국제화의 흐름속에서 중국과 한국은 과학, 문화, 예술, 교육분야에서 어느때보다도 빈번히 교류하고 있으며, 현재 수많은 한국인이 중국에서 경제활동을 하거나 대학에서 공부하고 있습니다. 북경에 위치한 청화대학교를 예로들자면 2010년도 한해동안 2,000여명에 달하는 외국인 유학생이 공부하고 있으며, 그중 상당수가 어학연수생으로 대부분이 한국학생입니다. 대학도서관은 대학의 문헌자료를 집대성한 곳으로 유학생들이 자신이 원하는 자료를 찾는데 핵심적인 장소이며, 외국유학생이 중국문화를 이해하는 창이라 해도 과언이 아닙니다. 이러한 상황에서 다른 문화권에서 온 한국학생들이 도서관을 편리하게 이용하도록 도서관의 서비스를 지금보다 국제적인 수준으로 끌어올리는 일은 이제 우리 중국도서관계가 당면한 과제라고 말할 수 있습니다. 좀 더 구체적으로 말하자면, 중국의 도서관이 한국어서비스를 제공할 수 있는가에 대한 논의가 바로 이 문제의 핵심이라고 말할 수 있습니다. 최근 많은 도서관이 외국어 서비스를 보강하면서 언어의 종류를 늘리고 있습니다. 하지만 정작 도서관에서 이용하는 한국어와 관련된 서적과 참고자료가 중국에서는 거의 없다고 해도 과언이 아닙니다. 따라서 필자는 지금 <중한도서관 실용회화>의 출판이 가장 적절한 때라고 생각합니다.

청화대학교 도서관은 "이용자가 중심이고 서비스로 보답한다"라는 도서관 이념에 따라 우수한 서비스를 제공하는데 주력하고 있습니다. 100여년 전 최초의 도서관 관장이셨던 다이지첸(戴志騫)선생님께서는 미국에서 돌아

오시고 나서 당시 가장 선진적인 도서관 관리이론과 서비스철학을 중국에 소개하셨고, 관장님께서 당시 강조하셨던 도서관 서비스에 대한 철학은 오늘날까지 여전히 우리 도서관 구성원에 의해 충실히 지켜지고 있습니다. 이용자를 중시하는 우리 도서관의 이념은 이미 청화대학 도서관의 전통이 되고 문화가 되어 지금까지 성실히 계승되어 나날이 발전하고 있으며, 새로운 도서관 구성원에게까지 보이지 않게 지대한 영향을 미치고 있습니다. 이 책의 핵심 저자인 위성광 선생님은 우리 도서관의 동료로서, 2011년 한국 국립부산대학교에서 문헌정보학으로 박사학위를 받았고 현재 부산대학교 사회과학연구소 객좌 연구원으로 한국문헌정보학회 회원으로 활동중입니다. 특히 위박사는 한국에서 유학가기 전 이미 청화대학교 인문분관, 미술분관에서 도서관을 위해 헌신하였고, 귀국 후에도 여전히 청화대학교 인문사회과학도서관에서 주제 사서로 일하고 계십니다. 위박사는 통계 분석 도구인 SPSS 소프트웨어를 활용하여 연구 데이터를 분석하는 것을 저에게 가르쳐 주시는 계몽 스승님이십니다. 본인은 위선생이 본서를 기획하고 출판하고 싶다는 소식을 접했을 때, 우리도서관의 봉사정신을 고양하고 널리 알리려는 이 젊은 학자의 노력에 감동하지 않을 수 없었습니다. 또한 도서관 일로 바쁜 와중에도 많은 시간과 노력을 들여 이 책을 완성한 그의 노고에 감탄해 마지 않으며 그가 오늘 완성한 이 성과에 저 스스로도 무척 자부심을 느낍니다. 그래서 서문을 써달라는 부탁을 받았을 때 저는 한치의 주저함 없이 기쁜 마음으로 수락했습니다.

본서는 중국도서관 이용에 관한 다양한 내용을 담고 있으며 주로 도서관에서의 예절, 도서관안내, 도서열람과 대출에 관련한 목록검색, 도서검색, 도서대출, 반납, 연체료 도서예약과 연장대출, 그리고 상호대차 등의 내용이 포함되어 있습니다. 또한 온라인도서관과 데이터베이스 이용방법 등의 온라인 정보 검색과 이용에 대해서도 자세히 설명되어 있습니다. 대화체의 형식으로 외국인 이용자에게 친근하게 도서관에서 사용하는 대화와 그들이 맞닥뜨릴 수 있는 다양한 문제들을 설명하고 있으며, 특히 도서관 관련 키워드를 상세히 나열하여 이용자의 구체적인 이해를 돕고 있습니다. 또한 본서는 비단 한국인이용자들이 편리하게 중국도서관을 이용하고 원활하게 도서관 직원과의 대화하는 것에 대해 고려하고 있을 뿐만 아니라, 중국 도서관 직원들이 한국어 서비스를 제공할 때 연구하고 참고할 수 있는 자료로도 사용될 수 있습니다. 앞으로 <중한 도서관 실용 회화>가 외국인 이용자들에게 최상의 서비스를 제공하며, 지대한 도움이 되기를 바라는 바입니다.

소민
2012년 12월
清華園에서

编者按语

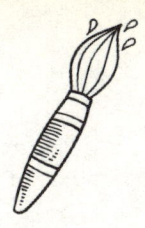

　　中韩建交以来，随着两国经济、政治、文化等领域交流的不断扩大，大量留学和从事商业活动的韩国人来到中国，他们对中国各方面信息的需求量不断提高。如何满足韩国用户的信息需求，提高图书馆多元文化信息服务质量，是当前我国图书馆界面临的一个新课题。目前很多图书馆都在酝酿增加图书馆服务的语言种类，但中、韩图书馆会话方面的教材或参考书仍然是国内市场的空白。

　　笔者在图书馆为来华的韩国读者提供日常咨询时，经常看到他们在利用图书馆时遇到这样或那样的困难，如语言交流障碍、不懂图书情报学的专业术语，或者不熟悉中国图书馆的一般利用方法，这些都使得他们无法像中国读者那样方便自如地利用中国图书馆丰富的信息和便利的服务，极大地影响了他们的学习和研究。编写一本能够帮助他们方便快速地在中国的图书馆查找所需资料的手册就显得非常紧迫。笔者在韩国留学期间，同样亲身感受到在国外利用图书馆查找资料时遇到的诸多不便。这也是笔者决心写作本书的主要动机。

　　本书包括"图书馆礼貌用语"、"图书馆介绍"、"目录检索"、"图书查找"、"图书借阅"、"预约与续借"、"馆际互借"、"还书与罚款"、"期刊阅览室"、"电子阅览室"、"数据库检索"，共11课，收录了大量图书馆资源利用和服务时常用的图书馆学、情报学中韩词汇和术语。课文采用中韩双语对话体的形式，详细介绍了利用图书馆的常用方法及可能遇到的问题，并在文后列出了与课文对话内容相关的专业关键词汇。每一课的最后部分提供了"知识链接"阅读材料，使韩国读者可以充分了解与信息查找相关的知识，也可以很好地扩充和丰富读者的相关专业基础知识。

　　本书的出版不仅可以方便韩国读者，也可以作为我

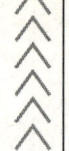

国图书馆在提供多语言服务时，馆员学习韩国语的速成教材和参考资料。同时本书也适合作为高校韩国语专业或第二外语（韩语）学习者的会话参考教材。

　　本书付梓之际，感谢共同参与本书编写的赵源和吕盈盈两位老师。因为我们的精诚合作，才有了这个成果。在本书编写过程中，韩国釜山大学文献情报系李寿相教授在百忙之中，亲自逐课对本书的韩国语部分进行了审核和校对，并提出了非常宝贵的意见和建议，在此表示感谢。浙江大学的韩国籍教师赵敏住老师、中国人民大学韩国留学生俞炳厚、清华大学韩中协会韩方会长李京院对该书的会话内容选择和韩国语译文部分也给予了很多帮助，一并表示感谢。笔者还要向本书责任编辑王涛、高爽两位老师和为本书策划提供指导意见的金丽萍老师表示感谢。最后，感谢清华大学图书馆各位同事的支持，感谢所有为本书出版提供过帮助的朋友们。

魏成光
2012 年 12 月
于清华园

편집자 노트

중국과 한국이 국교를 수립하고 나서 양국의 경제, 정치 문화영역등의 교류가 부단히 증가되었고 자연히 많은 유학생과 비니니스맨들이 중국에 오게 되었습니다. 중국에서 활동하는 한국인들은 매일매일 신속하게 중국에관한 다양한 정보를 이해해야 하는 상황에 놓여있습니다. 이런 시대적 상황에 부합하여 한국인 도서관 이용자의 다양한 요구를 만족시키고 다원화되는 문화에 맞게 도서관의 서비스 질을 높이는 것이 지금의 도서관계가 당면한 과제라고 할 수 있습니다. 최근 많은 중국 도서관에서 점점더 외국어 서비스의 언어종류를 추가해나가고 있지만 안타깝게도 중국도서관에서 정작 사용하는 '회화'에 관한 교재나 참고서는 거의 없는 수준입니다. 필자는 중국도서관을 이용하는 한국인 이용자에게 안내 서비스를 제공할 때마다 한국인 이용자들이 이런저런 여러 문제와 맞닥뜨리는 모습을 빈번하게 볼 수 있었습니다. 예를 들어, 언어소통에 문제가 있다던가, 도서정보학에 관한 전문용어를 모른다던가, 혹은 중국도서관 이용방법에 익숙치 않는다던가 등등. 이러한 문제가 바로 한국인 이용자들이 중국인 이용자들처럼 도서관의 풍부한 자료와 서비스를 이용하지 못하게 되는 이유이고 더 나아가서는 그들의 학습과 연구에 막대한 영향을 기친다고 생각했습니다. 이 책을 쓰는 것은 한국 이용자들이 중국도서관의 자료를 더욱 빠르고 편리게 이용하게 하기 위해서이고 또한 매우 긴박한 일이라고 생각했기 때문입니다. 필자가 한국에서 유학하던 시기 저 또한 외국 도서관의 자료를 이용하면서 같은 문제로 고생을 했었는데 이것이 필자가 두팔 건

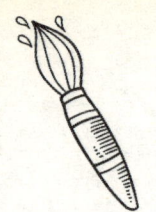

어부치고 이 책을 쓰게된 계기라고 말 할 수 있습니다.

이 책은 '도서관에서의 예절', '도서관에 관하여', '목록검색','도서검색','도서대출', '예약 및 대출연장', '상호대차', '반납과 연체료', '학술지 열람실', '멀티미디어실', '데이터베이스 검색' 등 11개의 항목으로 구성되어 있으며, 도서관 자료 및 서비스 이용 시에 사용할 수 있는 문헌정보학 키워드를 정리해 놓았습니다. 대화체 형식으로 중국어와 한국어 두개의 언어로 설명했고, 도서관 이용방법과 도서관 이용 시 발생할 수 있는 문제들에 대해 상세하게 제시해 놓았습니다. 그리고 글의 마지막 부분에는 본문대화에서 사용된 키워드와 전문용어를 정리해 놓았습니다. 각 장마다 '지식링크'를 통하여 관련된 참고자료를 간단하게 첨부함으로써 한국의 이용자가 관련된 지식을 또한 번 충분히 이해하여 관련 기초지식을 풍부하게 습득할 수 있는 기회를 제공했습니다. 특히 이 책은 한국 이용자들의 편리한 도서관 이용뿐만 아니라, 중국도서관 외국어 서비스를 할 때 사서들이 한국어를 빠르게 습득하기 위한 교재 참고 자료로서도 이용될 수 있습니다. 더 나아가서는 대학의 한국학과에서나 제2외국어 교육을 위한 참고자료로서도 이용될 수 있습니다.

마지막으로 본서를 발간하는데 도움을 주신 분들께 감사의 마음을 전하고 싶습니다. 함께 집필해 주신 조원(趙源)선생님과 려영영(呂盈盈)선생님께 감사의 말씀을 드립니다. 그분들의 성실한 협조가 있었음에 오늘의 결과를 얻을 수 있었습니다. 또한 한국 국립부산대학교 문헌정보학과 이수

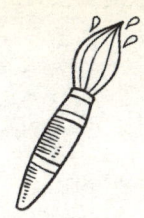

상 교수님께서 바쁘신 와중에도 한국어 부분의 감수를 해 주셨고 많은 귀중한 조언을 해 주셨습니다. 다시한번 감사의 말씀 드립니다. 그 외에도 칭화대학교 한중협회회장 이경원학생, 그리고 중국인민대학교 한국 유학생 유병후 학생 두 분도 본서의 회화 내용을 선별해 주셨고 한국어 번역에도 많은 도움을 주셨습니다. 매우 감사 드립니다. 또한 이 책을 계획학고 출판하기까지 시종일관 이끌어주시고

많은 의견 제시해주신 국가도서관출판사 왕타오 선생님, 고쌍 선생님과 진리핑 선생님 세 분께도 감사의 말을 전합니다. 마지막으로 칭화대학교 도서관에서 일하시는 동료들께서 보내주신 지지에 감사 드리고 이외에도 본서를 출판하는데 도움을 주신 여러 친구들에게도 고마운 마음 전합니다.

위성광
2012년 12월
清華園에서

目　录

第 1 课　图书馆礼貌用语 ………………………………… 1 页

第 2 课　图书馆介绍 ……………………………………… 7 页

第 3 课　目录检索 ………………………………………… 21 页

第 4 课　图书查找 ………………………………………… 31 页

第 5 课　图书借阅 ………………………………………… 39 页

第 6 课　预约与续借 ……………………………………… 47 页

第 7 课　馆际互借 ………………………………………… 55 页

第 8 课　还书与罚款 ……………………………………… 63 页

第 9 课　期刊阅览室 ……………………………………… 71 页

第 10 课　电子阅览室 …………………………………… 79 页

第 11 课　数据库检索 …………………………………… 87 页

单词索引 …………………………………………………… 93 页

第 1 课

>>> 제 1 과

图书馆礼貌用语
도서관에서의 예절

> # 图书馆礼貌用语
> >>> 도서관에서의 예절

场景 상황

韩国留学生金喜善正在和图书馆老师打招呼……

한국 유학생 김희선은 도서관 사서와 인사 중…

1. 问候 / 礼貌用语
질문과 공손한 대화

◎　您好!
　　안녕하세요 .

◎　欢迎来我们图书馆!
　　저희 도서관에 오신 것을 환영합니다 .

◎　我能为您做什么?
　　무엇을 도와드릴까요?

◎　您需要帮助吗?
　　무슨 도움을 필요하시나요? / 어떻게 도와드릴까요?

<<<<<<<

2. 请求 / 道歉
사과와 부탁

◎ 您从哪儿来？
어디서 오셨습니까？

◎ 我从韩国来。
저는 한국에서 왔습니다.

◎ 你的汉语说的真好！
중국어를 정말 잘하시네요.

◎ 与图书馆有关的各种问题可以打电话或者发电子邮件向图书馆询问。
도서관에 관한 문의사항이 있으시면 언제든지 전화나 이메일로 물어보십시오.

◎ 对不起，请再讲一次。
죄송하지만, 다시 한번 말씀을 해주십시오.

◎ 对不起。
죄송합니다. / 미안합니다.

◎ 不好意思，刚才您说什么？
죄송하지만, 방금 뭐라고 하셨습니까？

◎ 非常抱歉，给您带来不便！
불편을 끼쳐드려 대단히 죄송합니다.

◎ 对不起，这是图书馆的规定，请您理解。
죄송합니다만, 이것은 도서관 규정입니다, 양해해주십시오.

◎ 对不起，馆内严禁携带食物和饮料入内！
죄송합니다, 도서관 관내는 음식물과 음료수 반입 금지입니다.

◎ 对不起，请到指定区域接打电话！
죄송하지만, 지정구역에서만 전화를 이용해주십시오.

>>>>>>>

◎ 请您安静。/ 请小声一
   点好吗？
   조용히 해주세요 ./ 작
   게 말해 주시겠습니
   까 ?

◎ 请您在借阅期限内按
   时还书。
   대출 기한일까지 도
   서를 반납하셔야 됩
   니다 .

3. 感谢
감사

◎ 非常感谢！
   고맙습니다 ./ 감사합
   니다 .

◎ 别客气！
   별 말씀을요 .

◎ 您对我的帮助真是太
   大了！
   정말 많은 도움이 되
   었습니다 ./ 도와 주
   셔서 감사합니다 .

>>>>>>>

词汇 단어

你 / 您好	안녕하세요
图书馆	도서관
规定	규정
严禁	금지
携带	반입
食物	음식물
饮料	음료수
电话	전화
询问	묻다
道歉	사과 (하다)
对不起 /	미안하다 /
不好意思	죄송하다
理解	이해하다
还书	도서 반납
别客气	별 말씀을요
哪儿	어디
帮助	도움
安静	조용하다
咨询台	안내 데스크
指定区域	지정구역
韩国	한국
汉语	중국어
电子邮件	이메일
请求 / 拜托	부탁하다
再	또 / 다시
不便	불편 (하다)
借阅期限	대출 기한일
感谢	감사하다

<<<<<<<

知识链接　지식링크

图书馆内的礼仪

图书馆是传承人类文明、促进社会进步的公益性文化组织，是我们静心读书和学习的清静之地。在这里，我们可以尽情畅游于知识的世界，净化心灵，补充能量，提升自我。

图书馆是为公众服务的公共场所，我们在利用相关设施、馆藏书刊资源时，应遵守图书馆的相关规定，爱护图书，文明借阅，如进入图书馆要保持图书馆整洁，不在室内吃零食、接打手机、大声喧哗；图书到期准时归还，图书阅览后放回原位；不做在图书上圈划、写字、撕拆图书等不良行为，养成文明使用图书馆的习惯。另外在图书馆内与馆员或其他读者交流或咨询时，尽量使用文明礼貌用语，不说脏话粗话，做到互相尊重，互相理解。

好的书籍应该和大家一起分享，共同进步！从图书馆带走的是知识，留下的是风度、优雅、良知、道德，以及对他人的体恤之情。

도서관에서 지켜야
할 예절

도서관은 인류문명을 계승하고 사회발전을 촉진하는 공익을 위한 문화복합체입니다. 이와 동시에 우리가 고요히 책을 읽고 공부할 수 있는 정숙한 장소이자 지식의 세계를 여행하고 마음을 정화하며 자신의 역량을 충전할 수 있는 자기개발의 공간입니다.

도서관은 다수의 대중을 위한 공공장소이기 때문에 우리는 도서관의 시설과 문헌자료를 이용할 때 당연히 도서관이 정해놓은 규정을 준수하고, 책을 소중히 다루어야 합니다. 도서관을 깨끗이 이용해야

> 图书馆礼貌用语
>>>> 도서관에서의 예절

하며 실내에 음식물을 반입하거나 핸드폰을 사용하거나 큰소리로 소란을 피워서는 안됩니다. 또한 빌려간 책은 반납 기한일 내에 반납하고 책을 본 후에는 제자리에 꽂아놓고, 책에 낙서나 메모를 하는 등의 책을 훼손하는 불량한 행위를 해서는 안되며, 교양있게 도서관을 이용해야 합니다. 또한 도서관에서 담당자에게 질문을 할 때 공손한 언어를 사용하고 불쾌한 언어를 삼가며, 예의바르게 행동하여

서로에 대한 이해를 원활히 해야합니다.

좋은 책은 우리 모두가 공유해야 할 공동의 재산이며 동시에 함께 아끼고 보호해야 할 재산입니다. 우리는 도서관에서 지식을 한아름 얻어 나갑니다. 우리가 떠난 자리에는 풍도(風度), 우아(優雅), 양지(良知), 도덕(道德) 그리고 타인에 대한 배려가 항상 남아 있을 것입니다.

第 2 课

>>> 제 2 과

图书馆介绍
도서관에 관하여

图书馆介绍

>>> 도서관에 관하여

场景 상황

韩国留学生李银珠第一次来图书馆，自己又刚刚开始学习汉语，如何才能自如地查阅和使用这些资源呢？他四下张望着，看到咨询台坐着一位图书馆老师。"也许她可以给我一些帮助吧？"李银珠一边想着一边向咨询台走去……

한국 유학생 이은주 학생이 처음으로 도서관에 왔습니다. 이은주 학생은 이제막 중국어 공부를 시작했는데요, 도서관에 소장된 자료를 어떻게 스스로 찾고이용할 수 있을까요? 이은주 학생은 사방을 두리번거리다가 안내 데스크에 앉아계신 도서관 사서를 발견했습니다. '어쩌면 저 여선생님에 나한테 도움을 줄수 있을꺼야!' 이렇게 생각하며 안내데스크로 갔습니다…

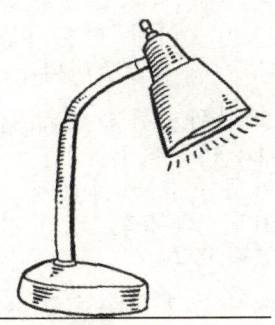

◎ 李银珠：我第一次来图书馆。您能介绍一下图书馆吗？

이은주 : 저는 도서관에 처음 왔는데요, 도서관에 대한 소개를 좀 해주실 수 있으신가요 ?

◎ 图书馆员：您好！欢迎参观图书馆！

도서관 사서 : 안녕하세요! 도서관에 관람 오신 것을 환영합니다 .

◎ 李银珠：图书馆看起来空间很开阔啊！

이은주 : 도서관이 굉장히 넓네요 .

◎ 图书馆员：对，图书馆整体建筑共有六层，地上五层，地下一层，总建筑面积 10000 平方米，图书收藏量达 150 万册，阅览坐席 1400 个。我带你在馆里参观一下吧。

도서관 사서 : 네 , 맞습니다 . 도서관은 지상 5 층 , 지하 1 층 총 6 층으로 되어있습니다 . 총 건축 면적은 10,000 제곱 미터이고 , 도서관에 소장된 책은 무려 150 만 권입니다 . 열람 좌석 수는 모두 1,400 석입니다 . 자 그럼 제가 도서관을 안내해 드리겠습니다 .

(一层到四层，一边参观、一边讲解)
1 층부터 4 층까지 안내하면서 설명 한다 .

◎ 图书馆员: 一层为参考工具书和电子阅览室, 二层是中外文期刊, 三层是新书和特色藏书阅览区。一、二、三层的读物只能在馆内阅览。

도서관 사서: 1층은 참고서 자료실과 멀티미디어실입니다. 2층은 중국과 외국의 학술지 열람실이고, 3층은 신착도서와 특별한 장서 열람실입니다. 1층부터 3층까지의 문헌들은 관내에서만 열람이 가능합니다.

◎ 李银珠: 老师, 我们馆共有多少种期刊, 可以外借吗?

이은주: 선생님, 도서관에는 몇 종류의 저널이 있나요? 대출이 가능한가요?

◎ 图书馆员: 图书馆共订阅1100余种期刊, 按期刊索刊号不区分语种混排。现刊不外借, 但是过刊合订本可以外借。

도서관 사서: 도서

관은 총 1,100여 종의 학술지이 있습니다. 학술지 청구번호에 따라 언어에 상관없이 나열되어 있습니다. 신간 학술지은 대출이 불가능하지만, 이전 학술지은 대출이 가능합니다.

◎ 李银珠:图书馆都有什么特色藏书呢?

이은주: 도서관에는 어떤 특별한 장서가 있나요?

◎ 图书馆员:图书馆主要收藏的特色藏书有主题收藏文库、地方志、院士文库和部分名人捐赠的个人文库。

도서관 사서: 도서관에서 소장하고 있는 특별장서는 주제별로 모아놓은 대형 총서류, 지방지, 유명한 학자들의 저서, 사회 유명인들의 기증 도서 등이 있습니다.

◎ 李银珠: 可以借阅的图书在几层?

이은주: 대출 가능한 책들은 몇 층에 있나

要？

◎ 图书馆员：四层和五层共约100万册的中外文图书可供外借，图书不区分语种，全部按照中国图书馆分类法顺序排列。

도서관 사서 : 4층과 5층에 있는 총 100만권의 중국어와 외국어로 된 책들은 관외 대출이 가능합니다. 책들은 언어별로 구분하지 않고, 모두 중국도서관분류법 순서에 의해서 배열 되어 있습니다.

◎ 李银珠：我们专业经常利用一些古籍资料。图书馆的这些资料都在哪里？

이은주 : 저희 전공은 고서적들을 이용해야 할 일이 많은데, 이러한 자료들은 어디에 소장되어 있나요？

◎ 图书馆员：地下一层为古籍善本书库。这些书都是非常珍贵的馆藏，目前不对外借阅，如果想阅览，需要向图书馆长提交申请。

도서관 사서 : 도서관 지하 1층에 고서적과 선본도서 서고가 있습니다. 이 도서들은 굉장히 희귀하기 때문에, 관외 대출은 불가능합니다. 만약 열람하고 싶으시면, 도서관 관장님께 신청서를 제출해야 합니다.

◎ 李银珠：图书馆有供个人单独学习研究或团体研讨的空间吗？

이은주 : 도서관에 공부나 연구를 목적으로 개인이나 그룹이 사용할 수 있는 공간이 있나요？

◎ 图书馆员：你说的是研读间吧？在图书馆的二层和三层共设置了44个研读间，里面都配备电源、网络、投影、多媒体放映设备等设施。可以在里面进行个人或小组学习、讨论与交流。

도서관 사서 : 스터니룸을 말씀하시는 건

가요? 도서관 2층과 3층에 총 44개의 스터디룸이 준비되어 있습니다. 안에는 전기 콘센트, 인터넷, 프로젝터 등 각종 설비가 구비되어 있습니다. 개인이나 그룹이 스터디룸 안에서 공부나 학술 연구, 교류 등을 할 수 있습니다.

◎ 李银珠 : 太好了，怎么样才能申请使用这些研读间呢?

이은주 : 잘됐네요, 스터디룸을 이용하려면 어떻게 신청해야 하나요?

◎ 图书馆员 : 通过图书馆的网上预约系统进行预约后，即可在预约的时间之内使用。除此之外，图书馆根据读者不同使用需求，还提供自修室和会议室。

도서관 사서 : 도서관 웹사이트에 들어가셔서 예약 신청을 하시면 예약하신 시간에 이용 하실 수 있습니

다. 그 외에도 이용자들의 다양한 수요에 따라 스터디룸, 회의실을 제공하고 있습니다.

◎ 李银珠 : 在哪里可以复印和打印资料?

이은주 : 복사나 프린트는 어디서 할 수 있나요?

◎ 图书馆员 : 图书馆每层都设置了自助复印与打印设备，刷卡后即可使用。

도서관 사서 : 각 층마다 자동복사기 등 설비가 설치되어 복사카드를 기계에 대어 이용하시면 복사와 프린트를 할 수 있습니다.

◎ 李银珠 : 图书馆有哪些便利设施呢?

이은주 : 도서관에는 어떠한 편의시설이 있나요?

◎ 图书馆员 : 在各楼层的两侧都设有卫生间和饮水机。图书馆还设有展览厅以及咖啡厅等设施，努力为读者创造一个动态、合作的环境。另外图书馆还专门为残疾人设置了残疾人专用停车位、无障碍通道和专用电梯，方便他们使用图书馆。

도서관 사서 : 각 층의 양측면에 화장실과 정수기가 있고, 역동적이고 협조할 수 있는 환경을 제공하기 위해 전시장과 카페 등 시설도 준비되어 있습니다. 그 외에도, 장애인을 위해 장애인 전용 주차장, 장애인 전용 통로, 엘리베이터 등이

구비되어 있어 편리하게 도서관을 이용할 수 있도록 하였습니다.

◎ 李银珠 : 图书馆的开放时间呢？
　　이은주 : 도서관의 개관시간은 어떻게 되나요？

◎ 图书馆员 : 图书馆开馆时间为 8:00—22:00，欢迎在开馆时间内来图书馆学习！
　　도서관 사서 : 도서관의 개관시간은 아침 8시부터 저녁 10시까지입니다. 개관시간 내에 도서관을 많이 이용하십시오.

》》》》》》

词汇 단어

参观	구경 / 관람
建筑面积	건축 면적
参考工具书	참고서
馆内阅览	관내 열람
新书	신착도서
电子阅览室	멀티미디어 열람실
种	종류 / 종
外借	대출 (하다)
特色藏书	특별한 장서
古籍	고서적
善本	선본도서
提交	제출하다
单独	스스로 / 개인
个人研究	개인 연구
团体研讨	그룹
电源	전기 콘센트
专用	전용
投影	프로젝터
多媒体	멀티미디어
设备	설비
卫生间	화장실

申请	신청 / 지원하다
预约	예약 (하다)
需求	수요
网	인터넷
开馆时间	개관시간
自修室	스터디룸
会议室	회의실
复印	복사
打印	프린트
自助	자동
刷卡	카드를 대다
咖啡厅	카페
展览厅	전시장
动态	역동적이다
合作	협조
便利设施	편의시설
残疾人	장애인
电梯	엘리베이터
无障碍通道	장애인 전용 통로
停车位	주차장
饮水机	정수기

1. 中韩大学图书馆

　　大学图书馆是以大学里参与教学和科学研究的教师和学生为主要服务对象，统筹协调文献信息资源的配置和使用，为广大师生提供各种类型的专业化和个性化信息服务的学术性机构。大学图书馆主要以收藏各种科研和教学所需的专业教材、教参和学术期刊等的学术资料为主，读者可以直接到馆或者通过网络访问图书馆网站检索目录和学术数据库，找到所需信息。

　　根据教育部公布的统计数据，中国目前大概有1000多所正规的大学。这些大学图书馆以收藏中国国内出版的图书资料为主，很多规模较大或者专业图书馆也收藏了大量的外文图书和资料。中国国内主要的各学科领域文献综合性收藏的大学图书馆有北京大学图书馆（http://www.lib.pku.edu.cn）、清华大学图书馆(http://lib.tsinghua.edu.cn)、南京大学图书馆（http://lib.nju.edu.cn）、浙江大学图书馆（http://libweb.zju.edu.cn）等。另外还有很多专业领域的大学图书馆，如北京外国语大学图书馆（http://lib.bfsu.edu.cn/）、北京语言文化大学图书馆（http://lib.blcu.edu.cn）、北京航空航天大学图书馆（http://lib.buaa.edu.cn）等集中收藏了相关专业门类的中外文文献。另外中国教育部主管的中国高等教育文献保障系统（CALIS）也提供了中国国内大学图书馆联合目录（http://opac.calis.edu.cn），供用户使用统一整合的检索界面查找中国国内大学收藏的图书资料。

　　韩国目前有约200多家正规的大学，很多韩国大学图书馆收藏了各学科领域大量的韩国语文献和英文文献。国立首尔大学图书馆（http://library.snu.ac.kr）、延世大学图书馆（http://

library.yonsei.ac.kr)、高丽大学图书馆 (http://library.korea.ac.kr)、庆熙大学图书馆 (http://khis.khu.ac.kr)、汉阳大学图书馆 (http://library.hanyang.ac.kr)，藏书量都超过百万册。另外国立釜山大学图书馆 (http://pulip.pusan.ac.kr)、庆北大学图书馆 (http://kudos.knu.ac.kr) 等也都有丰富的藏书资源。

1. 중국과 한국의 대학
   도서관

대학도서관은 대학내에서 학술연구에 참여하는 교수와 학생을 주요 서비스의 대상으로 하며, 문헌자료의 관리와 이용을 총괄하고 광범위한 이용자를 위해 전문화 되고 개별적인 서비스를 다양한 형태로 제공하는 학술기구입니다. 대학도서관에 소장된 자료는 각종 연구와 수업을 위해 필요한 전문교재, 참고서, 그리고 학술지 등의 학술자료를 위주로 하고 있습니다. 이용자들은 직접 도서관에 내방하거나 인터넷을 이용해 도서 웹사이트에서 목록과 학술데이터베이스를 검색하여 원하는 자료를 찾을 수 있습니다.

교육부에서 발표한 통계수치에 의하면, 최근 중국에는 1,000 개 이상의 정규 대학이 있고, 이들의 대학도서관은 중국 국내에서 출판한 도서자료를 주로 소장하고 있으며, 규모가 비교적 큰 도서관이나 전문도서관에서는 다량의 외국어 도서와 문헌자료를 소장하고 있습니다. 대학의 각 학과에서 필요한 자료를 종합적으로 소장하고 있는 중요 대학도서관은 북경대학교 도서관 (http://www.lib.pku.edu.cn), 칭화대학교 도서관 (http://lib.tsinghua.edu.cn), 남경대학교 도서관 (http://lib.nju.edu.cn), 절강대학교 도서관 (http://zuits.zju.edu.cn/libweb/) 등이 있습니다. 이외에도 다수의 전문화된 대학도서관으로는 북경외국어대학교 도서관 (http://lib.bfsu.edu.cn) , 북경어언대학교 도서관 (http://lib.blcu.edu.cn) , 북경항공항천대학교 도서관 (http://lib.buaa.edu.cn) 등이 대표적이며 , 이들은 관련된 학술 분야의 전문도서를 집중적으로 소장하고 있습니다 . 또한 중국 교육부가 주관하고 있는 중국고등교육문헌보장시스템 (CALIS) 은 이용자에게 중국 국내 대학도서관에 소장되어 있는 모든 자료를 대상으로 통합 검색서비스 (http://opac.calis.edu.cn) 를 제공하고 있습니다 .

한국에는 현재 200 여개의 정규대학이 있으며 수많은 한국대학도서관에서는 다양한 분야의 다량의 한국어와 영어 문헌자료를 소장하고 있습니다 . 국립서울대학교 도서관 (http://library.snu.ac.kr) , 연세대학교 도서관 (http://library.yonsei.ac.kr) , 고려대학교 도서관 (http://library.korea.ac.kr) , 경희대학교 도서관 (http://khis.khu.ac.kr) , 한양대학교 도서관 (http://library.hanyang.ac.kr) 에 소장하고 있는 책의 수량만 100 만권을 넘고 있습니다 . 이외에도 국립부산대학교 도서관 (http://pulip.pusan.ac.kr) 과 충북대학교 도서관 (http://pulip.pusan.ac.kr) 등에서도 풍부한 자료를 소장하고 있습니다 .

2. 中韩公共图书馆

公共图书馆是为市民服务的图书馆，是教育、文化和情报事业的推动力，是促进人民之间、国家之间相互了解和保障和平的必不可少的机构。一般由政府税收来支持。与专业图书馆不同，公共图书馆的服务对象可以针对儿童到成人，即所有的普通居民。提供非专业的图书（包括通俗读物、报纸杂志和参考书籍）、公共信息、互联网的连接及图书馆教育。这类图书馆也会收集与当地地方特色有关的书籍和资讯，并提供社区活动

图书馆介绍
>>> 도서관에 관하여

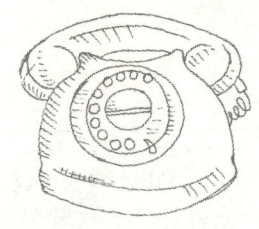

的场所。

在中国，公共图书馆担负着为科学研究服务和为大众服务的双重任务。其中省、市、自治区图书馆是所在省、市、自治区的藏书、目录、馆际互借和业务研究、交流的中心，并对中小型图书馆提供业务辅导。县图书馆多为本县工人、农民、乡镇居民和少年儿童服务。大、中城市区图书馆的主要任务是为城市人民群众服务，其主要服务对象是城市中的各阶层居民。有些大城市的区图书馆藏书数十万册，它们在开展馆内流通阅览的同时，还到街道开办借书站和流通点，把书送到基层，并协助和指导街道图书馆（室）建立城市基层图书馆网。主要的公共图书馆除国家图书馆 (http://www.nlc.gov.cn) 外，有首都图书馆 (http://www.clcn.net.cn/)、上海图书馆 (http://www.library.sh.cn)。

韩国政府非常重视公共图书馆的建设和发展，建立了一整套完善不同等级的系统。国家级公共图书馆有韩国国立中央图书馆 (http://www.dibrary.net)、韩国国会图书馆 (http://www.nanet.go.kr) 等。同时各道、市也都分别设置有省市级图书馆，社区也基本都有社区图书馆和读书室。大大小小的图书馆几乎遍布整个城市的各个角落，每个都市街区的图书馆几乎都是全年免费为市民开放，提供阅览、休息、影视欣赏、文化展示和展览等特色的文化活动。

2. 중국과 한국의 공공도서관

공공도서관은 시민을 위해 봉사하는 도서관입니다. 공공도서관은 교육, 문화, 정보를 이끌어가는 원동력이자 시민과 국가 간의 이해를 원활히 하는 평등이 보장된 중요 기관입니다. 일반적으로 정부의 세금에 의해 운영되며, 전문화된 도서관과는 달리 공공도서관의 이용자는 어

린이에서 어른에 이르기까지 이른바 모든 일반 시민이라고 할 수 있습니다. 공공도서관은 비전문도서(생활에 필요한 서적, 학술지, 참고서적 등), 대중정보, 인터넷서비스, 도서관 교육 등의 서비스를 제공하고 있으며, 그 지방의 특색있는 서적과 정보를 수집하고, 또한 각 지역의 사회활동을 위한 장소를 제공합니다.

중국의 공공도서관은 학술연구와 대중서비스를 동시에 담당하고 있습니다. 특히 성(省), 시,(市) 자치구(自治區)의 도서관은 성, 시, 자치구가 소장한 자료를 정리하고 연구하며 상호대차와 학술교류 업무도 함께 수행하는 중요한 기관입니다. 또한 다른 중소도서관에서 진행하는 업무를 지도와 교육하는 역할도 하고 있습니다. 현(縣)의 도서관에서는 그 현의 노동자, 농민, 향진(鄉鎮)의 시민과 어린이를 위해 서비스를 제공하고 있습니

다. 대·중 도시의 도서관의 주요업무는 각계 각층의 대다수 시민을 대상으로 합니다. 그중 몇몇 시도서관에서 10만권 이상의 책을 소장하고 있으며, 지역주민센터에 도서대출대와 유통시설을 설치해 일반시민이 편리하게 책을 빌릴 수 있도록 하였고, 또한 지역주민센터도서관과 협조하여 시민도서관 인터넷 홈페이지도 개설하였습니다. 대표적인 공공도서관으로는 중국국가도서관(http://www.nlc.gov.cn), 수도도서관(http://www.clcn.net.cn/), 상해도서관(http://www.library.sh.cn) 등이 있습니다.

한국도 이러한 공공도서관을 건립하고 발전시키는 사업을 특별히 중요시하고 있으며, 그 등급에 따라서 매우 체계적이며 정교한 시스템을 만들어 운영하고 있습니다. 국가급 공공도서관으로는 한국국립중앙도서관(http://www.dibrary.net), 한국국회

> 图书馆介绍
>>> 도서관에 관하여

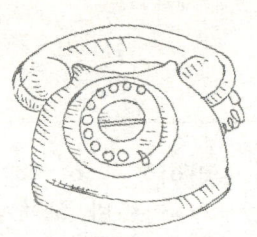

도 서 관 (http://www.nanet. go.kr) 등이 있습니다 . 또 한 각 도 (道) 와 시 (市) 에서도 중국으로 말하자면 성급 , 시급 도서관을 설 치해 기본적으로 각 지역 에 따라 도서관과 독서실 이 다 설치되어 있습니다 . 이러한 크고 작은 도서관 은 도시의 한적한 곳에 위 치하고 있으며 , 모든 도

시에 구역도서관이 있어 1 년 내내 무료로 시민에게 개방되어 열람 외에도 휴 식 , 영화감상 , 전시회 등 의 서비스와 문화이벤트를 동시에 기획하여 제공하고 있습니다 .

第 3 课

>>> 제 3 과

目录检索
목록검색

第3课
第 / 课
제 / 과

> # 目录检索
> >>> 목록검색

场景 상황

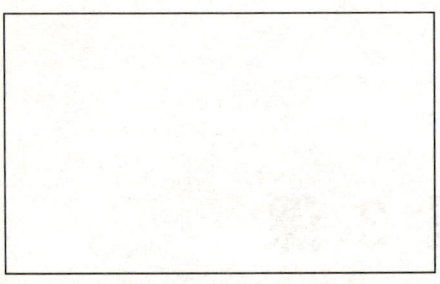

韩国留学生李准基同学想借一本书，他来到图书馆读者咨询台向图书馆馆员进行咨询.

한국인 유학생 이준기가 책 한 권을 빌리고 싶어서 도서관 안내 데스크의 사서에게 문의를 합니다.

◎ 李准基: 老师，您好！
　　이준기 : 선생님, 안녕하세요!

◎ 图书馆员: 你好！我能帮你做什么？
　　도서관 사서 : 안녕하세요, 무엇을 도와드릴까요？

◎ 李准基: 我想借一本托马斯·哈代的《还乡》。
　　이준기 : 저는 토마

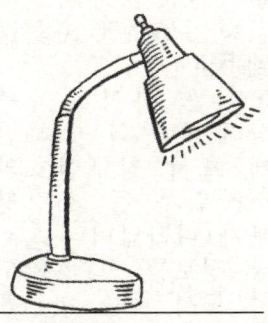

스·하디의 <귀향>이라는 책을 빌리고 싶습니다, 좀 도와주십시오.

◎ 图书馆员: 首先需要访问图书馆的馆藏目录检索系统 (OPAC) 检索一下书目信息，确定图书馆是否收藏此书及馆藏的位置。
도서관 사서: 우선 도서관 온라인 도서목록 (OPAC) 을 검색해 이 책의 소장 여부와 정확한 소장 위치를 확인해 보세요.

◎ 李准基: 我不太知道检索的方法。
이준기 : 죄송하지만, 정확한 검색 방법을 잘 모릅니다.

◎ 图书馆员: 检索时，在检索画面的检索窗内输入检索词，点击旁边的检索按钮，检索页面就会显示出检索到馆藏相关的资料的目录。如果您知道资料的详细信息，可以选择具体的检索途径，如书名、著者、出版社。另外还可以使用高级检索进行更加详细的检索。
도서관 사서 : 검색 시에는 검색화면에서 검색창에 원하는 검색어를 입력한 후 옆에 '검색' 버튼을 클릭하면 해당 도서관 소장 자료 목록이 나옵니다. 만약 도서명, 저자, 출판사 등 자료에 관한 상세 정보를 알고 있으면 해당 검색 경로나 고급검색을 선택하면 검색 결과가 더 빠르고 정확하게 나올 수 있습니다.

◎ 李准基: 啊, 那么我试着查一下这本书, 检索途径选择书名, 在检索框里录入书名"还乡", 然后点击检索按钮……啊, 检索到了……太好了!

이준기: 그래요… 그럼 제가 한번 해보겠습니다. 자, 우선 검색 경로에서 도서명을 선택하고, 검색창에 제목인 '귀향'을 입력한 다음에 클릭 버튼을 누르면… 아, 나왔습니다. 정말 신기하네요.

◎ 图书馆员: 做得很好! 点击这条记录, 就会出现这本书的详细书目信息。

도서관 사서: 훌륭합니다. 자, 이 항목을 클릭하시면 책에 관한 상세 도서 목록정보가 바로 나옵니다.

◎ 李准基: 到哪里去找书呢?

이준기: 그럼 책을 어디서 찾죠?

◎ 图书馆员: 目录信息下边的馆藏信息栏里会显示索书号和馆藏位置, 将这些信息抄到索书单里, 按照这个地址去查找就可以了。点击发送到手机按钮的话, 系统也可以将馆藏信息以短信的形式发送到手机上。

도서관 사서: 목록 상세정보 화면 하단에 도서 청구번호와 소장위치 등 소장정보가 나타납니다. 소장 정보를 잊지 않도록 도서 대출 청구표에 적고 소장장소와 청구번호에 따라 해당 섹션에 가서 찾으면 됩니다. 또한 밑에 "핸드폰으로 보내기"란 버튼을 누른 후 핸드폰 번호를 입력하면 자동으로 소장정보를 핸드폰으로 문자 메세지를 보낼 수도 있습니다.

◎ 李准基: 图书怎么外借呢?

이준기: 책을 대출하려면 어떻게 해야 됩니까?

◎ 图书馆员: 我们图书馆都是开架借书, 找到后就可以直接将书拿到借阅台办理借阅手续。

도서관 사서 : 저희 도서관은 개가제이므로 직접 책을 찾아 가지고 오시면 대출대에서 대출이 가능합니다 .

词汇 단어

手机短信	핸드폰 문자 메세지	馆藏	소장 (자료)
借阅台	대출대	索书号	청구번호
OPAC	온라인 도서 목록	分类号	분류 번호
		索书单	대출 청구표
收藏	소장하다	输入	입력하다
方法	방법	借书	도서 대출
馆藏位置	소장 위치	开架	개가
检索画面	검색화면	检索途径 / 检索点	검색 경로
检索窗	검색창	书名	도서명 / 제목
按钮	버튼	著者	저자
目录	목록	检索	검색 (하다)
选择	선택 (하다)	出版社	출판사
点击	클릭 (하다)	高级检索 / 详细检	고급검색 / 상세
系统	시스템	索 / 专业检索	검색 / 전문검색
短信	문자 메세지	书目	도서 목록
		记录	항목 / 아이템
		详细信息	상세 정보

> 目录检索
>>> 목록검색

知识链接　지식링크

1.OPAC

OPAC，即"联机公共检索目录"，英文全称"Online Public Access Catalogue"，是图书馆自动化系统最终面对用户的互动界面。用户通过网络访问本馆或其他图书馆的OPAC就可以查询相关图书馆的资料收藏情况和状态。它是图书馆与读者进行交流的最重要的窗口，起着沟通读者与馆藏资源、读者与资源服务的作用。在检索中国和韩国图书馆收藏时，用到两国主要的图书馆馆藏目录检索系统（OPAC）有：中国国家图书馆OPAC（http://opac.nlc.gov.cn/F）、中国国家科学院图书馆OPAC（http://www.las.ac.cn）、上海图书馆OPAC（http://www.library.sh.cn/skjs/index.htm）、北京大学图书馆OPAC（http://www.lib.pku.edu.cn）、清华大学图书馆OPAC（http://lib.tsinghua.edu.cn/）、南京大学图书馆OPAC（http://lib.nju.edu.cn）、韩国国立中央图书馆OPAC（http://www.dibrary.net/search/portal/searchStorage.jsp?kwd=）、韩国国会图书馆OPAC（http://www.nanet.go.kr/03_dlib/01_datasearch/datasearch.jsp）、韩国科学技术情报院图书馆OPAC（http://scholar.ndsl.kr）、首尔大学图书馆OPAC（http://library.snu.ac.kr）、延世大学图书馆OPAC（http://library.yonsei.ac.kr）、高丽大学图书馆OPAC（http://library.korea.ac.kr）等。

1. OPAC

OPAC, 즉 '온라인 도서목록', 영어로는 'Online Public Access Catalogue'라고 부른다. 컴퓨터 단말기로 운영되는 일반 대중에게 공개되어 있는 도서관 장서에 관한 온라인 도서 목록입니다. 도서관 이용자는 전문가의 도움없이 이용자가 직접 서지정보를 탐색할 수 있다. 도서관 자동화 관리시스템은 이용자들과 직접 소통하는 인터페이스로서, 이용자는 인터넷을 통해 우리 도서관 혹은 다른 도서관 온라인 도서 목록 (OPAC)에 방문하여 원하는 정보를 검색할 수 있다. 이것은 도서관과 이용자가 소통하는 가장 중요한 창구로써 도서관 이용자와 도서관자료, 그리고 도서관 서비스를 연결시키는 역할을 한다. 중국과 한국의 도서관 소장 목록을 검색할 때, 양국의 주요 도서관 소장 목록 검색 시스템과 인터넷 검색 주소는 중국국가도서관 OPAC ((http://opac.nlc.gov.cn/F), 중국국가과학원도서관 OPAC (http://www.las.ac.cn), 상하이 도서관 OPAC (http://www.library.sh.cn/skjs/index.htm), 북경대학교 도서관 OPAC (http://www.lib.pku.edu.cn), 칭화대학교 도서관 OPAC (http://lib.tsinghua.edu.cn/), 남경대학교 도서관 OPAC (http://lib.nju.edu.cn), 한국국립

중앙도서관 OPAC (http://www.dibrary.net/search/portal/searchStorage.jsp?kwd=), 한국국회도서관 OPAC (http://www.nanet.go.kr/03_dlib/01_datasearch/datasearch.jsp), 한국과학기술정보원 도서관 OPAC (http://scholar.ndsl.kr), 서울대학교 도서관 OPAC (http://library.snu.ac.kr), 연세대학교 도서관 OPAC (http://library.yonsei.ac.kr), 고려대학교 도서관 OPAC (http://library.korea.ac.kr) 등이 있다.

2. 索书号

图书馆藏书排架用的编码, 又称索取号, 是图书馆赋予每一种馆藏图书的号码, 是文献外借和馆藏清点的主要依据, 是读者查找图书非常必要的代码信息, 可借以准确地确定馆藏图书在书架上的排列位置。这种号码具有一定结构并带有特定的意义。在馆藏系统中每种索书号是唯一的, 一般由分行排列的几组号码组成, 常

被印在目录卡片的左上角、书脊下方的书标上以及图书书名页或封底的上方。

2. 청구번호

도서관 장서의 서가에 사용하는 번호는 청구번호라고 부르며 청구기호라고 부르기도 한다 . 청구번호는 도서관에서 모든 소장도서에 부여하는 번호다 . 문헌의 대여나 소장도서의 관리에 사용되며 , 대여 가능한 도서의 위치와 정확한 서가상의 배열 등을 이용자들에게 제공하는 중요한 정보이다 .

이러한 번호는 일반적으로 분류 번호와 도서기호 (또는 저자기호) 로 구성되며 , 특정한 의미를 가지고 있다 . 일반적으로 행으로 나눠진 배열의 몇 가지의 조합으로 이뤄져 있으며 작은 라벨에 자료의 위치를 나타내는 청구기호가 되어 카드목록 왼쪽의 윗부분 , 책등의 아랫부분 , 책 표지나 뒤 표지에 표시된다 . 도서관 시스템에서는 모든 책에 고유번호를

부여한다 . 원칙적으로 다른 자료는 동일한 값을 갖지 않으므로 무수히 많은 자료 중에서 이용자가 원하는 자료만 정확하게 찾을 수 있다 .

3. ISBN 号 (国际标准书号)

国际标准书号 (InternationalStandard Book Number) 简称 ISBN, 是国际通用的图书或独立的出版物 (除定期出版的期刊) 代码。我们可以通过国际标准书号清晰地辨认所有非期刊书籍。

最初国际标准书号号码由 10 位数字组成, 2007 年 1 月 1 日后出版的图书 ISBN 号码正式升级为 13 位。数字之间以连接号或空格加以分割, 每组数字都有固定的含义, 每个国际标准书号只有一个或一份相应的出版物与之对应。

总管国际标准书号的机构是设在德国柏林国立普鲁士文化遗产图

书 馆 (Staatsbibliothek zu Berlin - Preußischer Kulturbesitz) 的国际标准书号管理局 (International ISBN Agency)。该机构的主要工作之一是向下一级地区机构分配地区号码。国际上一般的国家或地区机构都将 ISBN 号码管理机构设立于本国国家图书馆。中国于 1982 年在中国国家图书馆内设立 ISBN 中心 (http://www.chinaisbn.com)，负责专门对中国国内的图书出版物 ISBN 号申请和管理。韩国在 1987 年颁布的图书馆法第 18 条中明确规定：国家图书馆是管理 ISBN 的机构，需要承担相关的业务。并于 1990 年 7 月正式成立"韩国文献番号中心"(http://www.nl.go.kr/isbn/)，对韩国国内出版物的 ISBN 号码进行分配与管理。

由于国际标准书号是书目数据中唯一可以识别一种出版物的国际通用代码，现在很多读者都将 ISBN 号作为精确快速检索和查找图书的重要途径之一，许多图书馆也将其应用于馆藏查重工作。但是数字位数过多，

存在不便于记忆的缺点。

3. ISBN(국제표준도서번호)

국제표준도서번호 (International Standard Book Number)의 줄임말로 ISBN 이라 부른다. 국제적으로 통용되는 단행본의 코드번호이다. 국제 표준 번호를 통해 단행본과 비정기 간행물을 식별해 낼 수 있다.

처음에는 ISBN 은 10 자리 숫자로 구성되어 있었는데, 2007 년 1 월 1 일 이후 출판되는 도서의 ISBN 번호는 13 자리 숫자로 늘어나게 되었다. 숫자들을 4 개 그룹으로 분할되며 그 사이에 4 개의 "-"부호로 연결되는데, 각각의 숫자는 모두 각자의 역할이 있으며, 할당된 국제표준기호는 중복되지 않으며 하나의 번호는 오직 하나의 서적을 나타낸다.

ISBN 을 총괄하는 기구는 독일의 베를린 국립도서관의 ISBN 관리

> # 目录检索
>>> ## 목록검색

국 (International ISBN Agency)에서 담당하고 있다. 이 기구의 주요 업무 중 하나는 소속 하급 기관의 지역 번호를 배분하는 것이다. 일반적으로 모든 국가의 ISBN 관리와 배분 업무를 총괄하는 기관은 해당국가의 국가 도서관이다. 중국의 경우에는 1982년 국가신문출판서가 중국 국가 도서관 내에 ISBN 센터를 설립하였으며, 전문적으로 중국의 도서 출판물의 ISBN 번호의 신청 접수와 관리를 책임지고 있다. 한국은 1987년에 제정된 도서관법 제 18조에 따라 국립중앙도서관을 한국의 ISBN 관리 기구로 정하여 관련 업무를 담당하게 하였다. 1990년 7월에

정식으로 '한국문헌번호 센터'를 설립하였다.

국제표준도서번호는 유일하게 단행본을 식별 할 수 있는 국제 코드이기 때문에 현재 많은 이용자들는 ISBN을 검색 경로들 중 유일하게 정확하고 빠른 도서 검색을 할 수 있는 수단으로 여기고 있으며, 수많은 도서관에서 도서 검색 시 이를 주로 이용하고 있다. 하지만 숫자가 너무 많아서 정확하게 기억하기 힘들다는 점 등이 단점이다.

> # 第 4 课
>>> 제 4 과

图书查找
도서겸색

> 图书查找
>>> 도서검색

李准基想知道从哪里能找到自己要借的书，他询问图书馆老师……

한국인 유학생 이준기는 빌리고 싶은 책을 어디서 찾을 수 있는지를 도서관 사서에게 묻고 있습니다.

◎ 李准基：老师，我检索到我要借阅的图书了，我去哪里找到这本书呢？

이준기：선생님，목록 검색해서 빌리고 싶은 책을 찾았는데，이 책을 찾으려면 어디서 찾아야 하나요？

◎ 图书馆员：你记下刚才检索到的图书目录中出现的图书馆藏地点了吗？

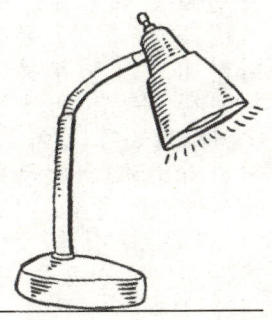

도서관 사서 : 검색된 도서 목록에서 나온 소장처 정보를 정확하게 기억하시나요?

◎ 李准基: 嗯, 记得好像是图书馆中文人文社科图书借阅区, 具体在什么位置?

이준기 : 네, 도서관 중국어 인문사회과학 도서 대출구역에 있다는데, 구체적인 위치가 어딘가요?

◎ 图书馆员: 在图书馆一层, 大厅左转就是。

도서관 사서 : 도서관

1층 로비의 바로 왼쪽입니다.

◎ 李准基: 怎么找到书的具体位置呢?

이준기 : 책의 구체적인 위치를 알려면 어떻게 찾아야 하나요?

◎ 图书馆员: 你检索到这本书的索书号吗?

도서관 사서 : 책의 청구번호를 적으셨죠?

◎ 李准基: 我在 OPAC 系统里检索到这本书的索书号是 I561.44 37, 它有什么作用?

이준기 : OPAC 시스템에서 검색해 보니 청구번호는 I561.44 37 이라고 나왔습니다. 이 번호는 무슨 뜻인가요?

◎ 图书馆员: 索书号是图书馆藏排架用的编码, 也是帮助读者准确找到图书的必要代码信息。

도서관 사서 : 청구번호는 책이 서가에 배치된 위치를 표시하는 기호이며, 빠르고 정확하게 책

을 찾을 수 있는 아
주 중요한 정보입니
다 .

◎ 李准基: 这些字母和
数字是什么意思?
이준기 : 그렇다면 여
기 있는 알파벳과 숫
자들은 무슨 뜻이죠?

◎ 图书馆员: 就以你查
到的索书号 I561.44 37
为例, 它由两部分组
成, 前面的部分 I561.44
是中国图书馆分类法
的分类号, 其中, "I"
表示 "文学" 大类, 后
面的数字是细分的小
类。后面的数字 37 是
种次号, 表示这本书是
该图书馆的 "I561.44"
类图书的第 37 种。图
书是按索书号顺序排
列。先按分类号字母顺
序, 字母相同按字母后
第一个数字排序, 字母
和第一个数字相同者
再按第二个数字排序,
依此类推。你先找到贴
着 I 类标签的书架, 依
次找到 516/.44/37 就可
以了。

도서관 사서 : 학생

이 찾은 청구번호
I561.44 37 의 예 는
크게 두 부분으로 구
성되어 있습니다 . 앞
부분의 I561.44 는 중
국도서관분류법의 분
류번호인데 , 그 중
"I" 는 "문학" 류를
나타내고 , 뒷부분의
세분한 분류 번호는
숫자로써 , 이 책이 도
서관의 I561.44 분류
도서들 중 종류 기호
인 37 은 37 번째 종류
라는 분류 번호를 말
해줍니다 .
모든 책은 청구번호
에 맞춰 배열되어 있
습니다 . 우선 분류번
호의 알파벳 순으로
배치되며 , 그리고 같
은 알파벳 경우에는
뒤의 숫자 중 첫째
자리의 숫자 순서로
배치하고 , 첫째 자리
의 숫자가 같은 경우
에는 둘째 자리 숫자
순서로 배치하고 , 이
러한 방식으로 배치
됩니다 . 우선 "I"
카테고리가 붙어 있
는 서가를 찾으시고 ,

그 다음 5, 1, 6…순서로 찾으시면 됩니다.

◎ 李准基: 索书号印在书的什么位置?

이준기: 청구번호는 책 어디에 적혀있나요?

◎ 图书馆员: 印在书脊下方的书标上、图书书名页或封底的上方。

도서관 사서: 청구번호는 보통 책등의 아래쪽 라벨과 책 표지나 뒤 표지 위쪽에 적혀 있습니다.

◎ 李准基: 我明白了, 那我现在就按照您说的方法去找书了。

이준기: 예, 이제 알겠네요. 그럼 가르쳐 주신 방법으로 책을 한번 찾아보겠습니다.

◎ 图书馆员: 唉, 不是那边, I(文学类)类图书在三层呢!

도서관 사서: 아, 그 쪽이 아닙니다. I(문학)분류의 도서들은 3층에 있어요!

◎ 李准基: 看我这记性! 谢谢您。

이준기: 아, 맞다…. 감사합니다.

词汇 단어

大厅	로비
位置	위치
书名	서명
分类号	분류 번호
分类法	분류법
种次号	종류 기호
目录	목록
具体	구체적
左	왼쪽
字母	알파벳
细分	세분하다
排列	배열(하다)
封底	뒤 표지
书架	서가
排架	배치
书脊	책등
书标	라벨
找	찾다
馆藏地点	소장처
索书号	청구번호
数字	숫자
顺序	순서
书名页	책 표지

# 图书查找
>>> 도서검색

1. 中国图书馆分类法

　　《中国图书馆分类法》（原名《中国图书馆图书分类法》，简称《中图法》），由中国图书馆图书分类法编辑委员会编，是中国图书馆和情报单位普遍使用的一部综合性的分类法，使用字母与数字相结合的混合号码，基本采用层累制编号法。包括马列主义、毛泽东思想，哲学，社会科学，自然科学，综合性图书五大部类，二十二个基本大类，具体大类有：A 马克思主义、列宁主义、毛泽东思想、邓小平理论；B 哲学、宗教；C 社会科学总论；D 政治、法律；E 军事；F 经济；G 文化、科学、教育、体育；H 语言、文字；I 文学；J 艺术；K 历史、地理；N 自然科学总论；O 数理科学和化学；P 天文学、地球科学；Q 生物科学；R 医药、卫生；S 农业科学；T 工业技术；U 交通运输；V 航空、航天；X 环境科学、安全科学；Z 综合性图书。

1. 중국도서관분류법

　　중국도서관분류법（원 명칭은 중국도서관도서분류법）은 중국도서관도서분류법 편집위원회에서 편찬하고 있다. 중국 도서관과 정보기관에서 보편적으로 사용하는 종합적인 분류법이다. 사용되는 모음과 숫자를 혼합한 번호이며 기본적으로 계층구조 제작법을 채용하였다. 마르크스, 레닌주의, 마오쩌둥 사상, 철학, 사회과학, 자연과학을 포함한 종합적인 도서를 5대 학문 영역으로 나뉘며, 22개의 기본 분류가 있다. 구체적으로는 A 마르크스, 레닌주의, 마오쩌둥 사상, 등소평 이론；B 철학 및 종교；C 사회과학총론；D 정치 및 법률；E 군사；F 경제；G 문화, 과학, 교육, 체육；H 언어 및 문자학；I 문학；J 예

术；K 历史与地理；N 自然科学总论；O 数理科学和化学；P 天文学和地球科学；Q 生物学；R 医药卫生；S 农业；T 工业技术；U 交通运输；V 航空宇宙；X 环境科学，安全科学；Z 综合类图书等。

술；K 역사와 지리；N 자연과학총론；O 수리과학과 화학；P 천문학과 지구과학；Q 생물학；R 의약 위생；S 농업；T 공업 기술；U 교통 운수；V 항공우주；X 환경과학，안전과학；Z 종합류 도서 등이 있다.

2. 韩国十进分类法

韩国十进分类法，简称 KDC(Korean Decimal Classification)，是参照《杜威十进制分类法》并结合韩国的实际情况编制的一部图书分类法。该分类法将学术领域分为综合 (0)，哲学 (1)，宗教 (2)，社会科学 (3)，自然科学 (4)，科学技术 (5)，艺术 (6)，语言 (7)，文学 (8)，历史 (9) 十个主题大类，各大类之下又分别设置十个下位类。总论主要包含诸如百科全书、词典、全集、丛书等主题综合性很强的无法细分到其他专题类目中的图书，其他专题图书则各入其类。目前 KDC 被韩国国内图书馆广泛应用于图书资料的分类和组织。另外，大韩出版文化协会在 KDC 现有的十个分类的基础上增设了儿童图书和学习用参考书两个类型的主题类目。

2. 한국십진분류법

한국십진분류법은 도서 분류체계의 하나로서 서양에서 사용하는 듀이십진분류법 (The Dewey Decimal Classification System)을 한국 실정에 맞게 변형시켜 만든 것이며, KDC(Korean Decimal Classification)라고 약칭한다. 모든 도서들을 그 주제에 따라 우선 크게 10가지 유형, 즉 모든 지식 분야를 총류 (0), 철학 (1), 종교 (2), 사회과학 (3), 자연과학 (4), 기술과학 (5), 예술 (6), 언어 (7), 문학 (8), 역사 (9) 등의 열 가지 주류 (主類 : section)로 나누고, 각 주류마다 다시 10가지로 나누어 강목 (綱目 : division)으로 구분한다. 총류에는 여러 주제를 포괄하거나 특정 주제로 분류하기 어려운 것

> 图书查找
>>> 도서검색

들이 속하여, 백과사전, 사전(辭典), 전집, 총서 등이 여기에 분류된다. 총류·철학·종교·사회과학·어학·순수과학·응용과학·예능·문학·역사서로 나누고, 다시 이를 10가지로 세분하기 때문에 십진분류법이라고 부른다. 이러한 KDC 를 대한출판문화협회에서는 다시 조금 변형시켜, 기존 유형에 아동도서와 학습용 참고서를 별도의 유형으로 추가하여, 모두 12가지 유형으로 나누어 도서들을 분류하고 있다.

> ## 第 5 课
> >>> 제 5 과

图书借阅
도서대출

第5课

> 图书借阅
>>> 도서대출

场景 상황

金喜善拿着要借的图书来到了借还书处。她是第一次借书，她还想知道更多借还书方面的规章制度。

김희선씨는 빌리려는 책을 가지고 대출대로 왔습니다. 그녀는 도서관에 처음 온 터라 책을 대출하는 방법에 대해서 자세히 알고 싶어합니다.

◎ 金喜善: 老师，我找到了要借的图书，怎么办理外借手续呢？
김희선: 선생님，책을 찾았습니다. 대출은 어떻게 하나요？

◎ 图书馆员: 请出示您的借阅证，我为您办理借书。另外，我们馆还有图书自助借还设备，也可以自己进行借还书。

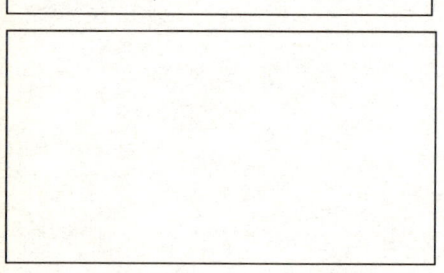

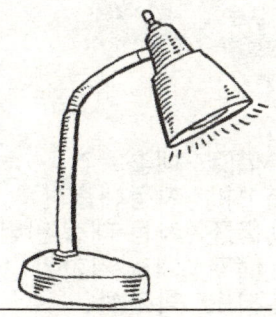

도서관 사서 : 대출카드를 주시면 책을 대출해 드립니다 . 또한 , 저희 도서관에는 자동 대출과 반납 기계가 구비되어 있어 스스로도 대출하실 수 있습니다 .

◎ 金喜善: 您能告诉我自助借书的方法吗?
김희선 : 자동대출 방법을 가르쳐 주시겠어요 ?

◎ 图书馆员: 把借阅证放到自动借书机读卡器上, 选择借书, 扫描图书条码, 显示借书完成。
도서관 사서 : 먼저 대출카드를 리더기에 놓은 후 화면에서 도서 대출 버튼을 누르시면 자동대출기가 책에 부착된 바코드를 스켄해서 화면에 ' 대출 완료 ' 라는 대화창이 뜨면 대출이 끝난 겁니다 .

◎ 金喜善: 太方便了。我可以借多少本书?
김희선 : 아주 간단하네요 . 몇 권까지 대출이 가능한가요 ?

◎ 图书馆员: 本科生最多可以借 10 册, 硕士和博士研究生、教职工最多可以借 30 册。
도서관 사서 : 학부생의 경우에는 10 권까지 가능하고요 , 대학원생 (석사 , 박사), 교직원 같은 경우는 최대 30 권까지 대출이 가능합니다 .

◎ 金喜善: 可以借多少天?
김희선 : 대출 기한은 몇 일입니까 ?

◎ 图书馆员: 借期 30 天, 你

要在图书到期之前来还书。图书馆有规定图书过期要罚款。

도서관 사서 : 30 일입니다 . 대출 기한일 전에 책을 반드시 반납해야 됩니다 . 대출 기한일이 지나면 도서관 규정상으로 연체료를 내야 됩니다 .

◎ 金喜善: 30 天太短了，我还想多看一段时间，怎么办呢?

김희선 : 30 일은 너무 짧은 것 같은데 , 더 읽고 싶을 때는 어떻게 하면 되나요 ?

◎ 图书馆员: 图书到期之前，如果没有人预约此书，你可以登录图书馆网站进行图书续借。

도서관 사서 : 빌린 책의 반납 기한일 전에 다른 이용자가 예약하지 않았다면 , 도서관 웹사이트에 로그인하여 대출 기한 연장을 신청하실 수 있습니다 .

◎ 金喜善: 我记住了，我一定按时归还。

김희선 : 예 , 알겠습니다 . 꼭 대출 기한일 안에 반납하겠습니다 .

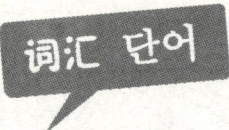

词汇 단어

借阅	대출
自动借书机	자동대출기
自助借还	자동 대출 반납
借期	대출 기한일
本科生	학부생
硕士	석사
借阅证	대출카드 / 학생증 / 스마트카드
读卡器	카드 리더기
扫描	스켄하다
登录	로그인
过期	가한일이 지나다
罚款	연체료
续借	대출 가한 연장
预约	예약 (하다)
研究生	대학원생
博士	박사
归还	반납 (하다)
选择	누르다
条码	바코드
网站	웹사이트

中韩网络学术搜索引擎

　　搜索引擎是用户通过网络进行信息检索和信息获取的重要手段之一，搜索引擎是指根据一定的策略、运用特定的计算机程序从互联网上搜集信息，在对信息进行组织和处理后，为用户提供检索服务，将用户检索相关的信息展示给用户的系统。

　　搜索引擎包括全文搜索引擎、目录搜索引擎、元搜索引擎、垂直搜索引擎、集合式搜索引擎、门户搜索引擎等。通过这些搜索引擎可以快速寻找各种资源和信息。中国国内广泛使用的具有代表性的搜索引擎有百度(http://www.baidu.com)、谷歌(http://www.google.com)搜索等。韩国国内代表性搜索引擎有 NAVER(http://www.naver.com)、DAUM(http://www.daum.net) 等。

　　学术搜索引擎顾名思义就是搜索学术资源的搜索引擎，资源以学术论文、国际会议、权威期刊、学者为主，随着新一代搜索引擎的快速发展，学术搜索引擎应具备个性化、智能化、自动数据挖掘分析等特色。目前学术界对于西文文献主要使用诸如 Google Scholar、Yahoo 等常用的搜索引擎。中国国内主要常用的学术搜索引擎有中国知网 (http://scholar.cnki.net/)、读秀学术搜索 (http://edu.duxiu.com)、百度文档搜索 (http://file.baidu.com)、百度文库 (http://wenku.baidu.com)、万方数据 ilib(http://www.ilib2.com) 等。

　　搜索韩国文献时主要使用的学术搜索引擎有韩国科学技术情报中心 (http://scholar.ndsl.kr)，韩国教育学术院提供的学术研究信息服务系统 (http://www.riss.kr)，NAVER "知识 iN" (http://kin.search.naver.com)，DAUM "知识"(http://k.daum.net) 等。

图书借阅
>>> 도서대출

중 • 한 인터넷 학술
검색엔진

　검색엔진은 이용자들이 인터넷을 통한 정보검색 및 정보 획득의 중요한 수단 중 하나이다. 검색엔진은 규정된 방법으로 특정 컴퓨터 프로그램을 이용하여 인터넷 상에서의 정보를 수집, 조직과 처리한 후, 검색 결과와 그에 관련된 정보를 이용자들에게 제공하는 검색 시스템이다.

　검색엔진은 원문 풀텍스트 검색엔진, 목록 검색엔진, 메타검색 엔진, 수직 검색엔진, 통합 검색엔진, 포털 검색엔진 등이 있다. 이러한 검색엔진은 다양한 정보자원을 검색할 수 있으며, 중국에서 광범위 하게 사용되는 대표적인 검색엔진은 바이두, 구글 등이 있고, 한국 국내 대표 검색엔진은 네이버, 다음 등이 있다.

　그 중에 학술 검색엔진은 각종 학술 자료를 중심으로 검색서비스를 제공하는 검색 엔진이다. 검색 대상인 자원은 학술논문, 회의논문, 학술지, 학자정보가 포함되어 있다. 새로운 시대에 맞춰 검색엔진은 빠른 속도로 성장하고 있으며 학술 검색엔진은 개성화와 지능화, 자동 데이터 마이닝 분석 기능 등의 특색을 지니고 있다. 현재 이용자들이 주로 Google Scholar, Yahoo 등 많은 검색엔진을 서양 문헌 검색에 사용하고 있으며 중국의 주요 학술 검색엔진은 CNKI (http://scholar.cnki.net), 두쇼(讀秀)학술검색(http://edu.duxiu.com), 바이두(百度)문서검색(http://file.baidu.com), 바이두(百度)문고(http://wenku.baidu.com), 만방(万方)데이터 ilib(http://www.ilib2.com) 등이 있다.

한국에서는 주로 한국 과학기술 연구원에서 개발되는 NDSL 학술검색(http://scholar.ndsl.kr), KERIS 학술연구정보검색(http://www.riss.kr), 네이버 지식IN(http://kin.search.naver.com), 다음 지식(http://k.daum.net) 등이 사용되고 있다.

# 第 6 课
>>> 제 6 과

预约与续借
예약 및 대출연장

第 6 课
제 6 과

# > 预约与续借
>>> 예약 및 대출연장

李准基在书架上没有找到他要的书，他来到咨询台老师那里，想问问究竟。

이준기씨는 서가에서 원하는 책을 찾지 못해서 안내데스크에서 물어보기로 합니다.

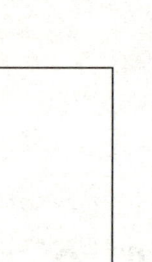

◎　李准基：老师，我想借一本《红与黑》，但是书架上没有找到这本书。
이준기：선생님, 프랑스 소설가 스탕달의 <적과 흑 (Lerouge et te noir)> 이란 책을 빌리고 싶은데, 서가에서 찾을 수가 없습니다.

◎　图书馆员：请稍等，我帮你查一下……对不起，OPAC系统显示此书的所有复本全部

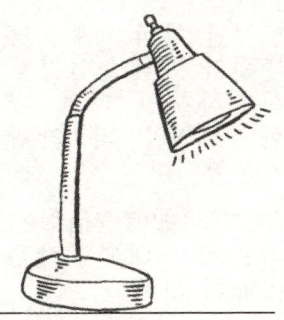

<<<<<<

借出。

도서관 사서 : 잠시만 기다려주세요 , 확인해보겠습니다 . (잠시 후 …) 미안하지만 , OPAC 시스템을 확인해보니 이 책의 복본은 모두 대출되었습니다 .

◎ 李准基: 真遗憾，我很想借这本书。

이준기 : 아 , 아쉽다 . 정말 보고 싶었던 책인데 .

◎ 图书馆员: 你可以预约这本书。

도서관 사서 : 이 책의 대출예약은 신청할 수 있습니다 .

◎ 李准基: 怎么预约呢？

이준기 : 대출예약은 어떻게 하나요 ?

◎ 图书馆员: 通过 OPAC 系统检索这本书，如果目录显示此书的所有复本都已借出，点击预约按钮，输入本人的借阅证信息，完成预约操作。

도서관 사서 : OPAC 시스템으로 책을 검색하여 , 해당 도서의 복본이 모두 대출된 경우 해당 복본을 선택하여 예약 버튼을 누른 후에 본인의 대출 카드 정보를 입력하여 예약하시면 됩니다 .

◎ 李准基: 太好了，这下不用担心书还回后被别人借走了。我试着预约一次……啊，操作成功。

이준기 : 그러군요 . 반납되어 들어 온 책이 다른 사람에게 대출될 격

>>>>>>

정을 안 해도 되겠네
요, 한번 해볼게요.
자, 이렇게 하면 …
예약됐다!

◎ 图书馆员：你已经预
约到了《红与黑》这本
书，如果有书还回，图
书馆自动化管理系统
会自动给你发送手机
短信，通知到图书馆借
阅此书。收到短信 3 日
内到图书馆来办理借
书手续就可以了。
도서관 사서 : <적과
흑>이 예약되었습니
다. 만약에 책이 반
납되면, 도서관 자동
화 관리 시스템이 자
동으로 핸드폰 문자
메세지를 통해 대출
안내를 해드립니다.
메세지를 받은 후 3
일 안에 도서관에 오
셔서 대출하시면 됩
니다.

◎ 李准基：谢谢老师！
另外我还有一本图书
明天到期，可是我还没
有读完，能延期吗？
이준기 : 고맙습니다.
그리고, 대출 기한

날짜가 내일까지 인
책이 한 권 있는데
요, 대출연장도 가능
한가요？

◎ 图书馆员：办理图书
续借，借期可以延长
30 天。
도서관 사서 : 예, 가
능하죠. 대출연장을
신청하시면 대출 기
한일 30 일 더 연장
가능합니다.

◎ 李准基：如何续借呢？
이준기 : 대출연장은
어떻게 하는 거죠？

◎ 图书馆员：在 OPAC 系
统中检索个人借阅信
息，选中要续借的图
书，登录后点击续借按
钮即可完成续借。
도서관 사서 : 도서관
OPAC 에 들어가서 로
그인 한 후, 개인 대
출 정보 리스트 중에
서 대출연장하고 싶
은 책을 선택해 대출
연장 버튼을 누르면
자동으로 대출 기한
이 연장됩니다.

◎ 李准基：好的，那我
试一下……系统显示

<<<<<<<

续借成功。

이준기 : 자 , 한번 해 볼게요…와 ! 정말 대 출 기한일이 대출연 장됐네요 .

◎ 图书馆员：每本图书只 能续借一次，30 天之 内一定记得来还。

도서관 사서 : 대출연 장 신청은 한 책 당 한 번만 할 수 있으 며 30 일 내에 반납하 셔야 됩니다 . 이 점 을 꼭 유의하시기 바 랍니다 .

◎ 李准基: 记住了，谢谢 老师!

이준기 : 예 , 알겠습 니다 . 감사합니다 .

词汇 단어

借期	대출 기한일
预约	예약 (되다)
电子邮件	이메일
短信	문자 메세지
续借 / 延期	대출연장
复本	복본
手机	핸드폰

>>>>>>

第6课 预约与续借
>>>> 예약 및 대출연장

知识链接　지식링크

学位论文检索

学位论文是指高等学校、科研机构的毕业生为了获得所修学位，按要求所撰写的论文。学位论文可分人文学术论文、自然科学学术论文与工程技术学术论文三个大类。学位论文大多选题新颖，理论性、系统性较强，阐述详细。与一般期刊学术论文比较，学位论文参考文献多、全面，有助于对相关文献进行追踪检索，具有长期使用和参考的价值。

学位论文一般由授予单位建立相应的学位论文馆藏数据库，并提供检索和获取服务。此外，各个国家都有专门机构或者商业公司从事学位论文收藏、制作，并提供检索和利用服务。

常用中国国内高校和研究机构的学位论文数据库有：

中国知网的中国优秀博、硕士学位论文全文数据库 (http://acad.cnki.net/Kns55/brief/result.aspx?dbPrefix=CDFD)，万方数据的中国学位论文全文数据库 (http://c.wanfangdata.com.cn/Thesis.aspx)，国家科技图书文献中心 (NSTL) 的中文学位论文数据库 (http://www.nstl.gov.cn/NSTL/facade/search/searchByDocType.do?subDocTypes=D01&name_chi= 中文学位论文)。

韩国全国学位论文共享数据库有韩国全国学位论文共享协会的韩国高校学位论文数据库 (http://thesis.or.kr)，韩国教育学术信息院学位论文库 (http://www.riss.kr)。

欧美英文学位论文检索和原文获取的数据库主要有 PQDT(http://search.proquest.com/pqdt) 和 FirstSearch—WorldCat Dissertations(http://firstsearch.oclc.org/dbname=WorldCatDissertations;FSIP) 等。

학위논문검색

학위논문은 대학교, 학술 연구기관 등의 졸업생들이 학위를 얻기 위해 학위수여자들의 요구에 맞춰 저술한 논문이다. 학위 논문은 인문과학 학위논문, 자연과학 학위논문, 공학 학위논문 등의 3가지 큰 주제로 나눌 수 있다. 학위논문은 대부분 참신성, 이론성, 체계성의 특징을 가지고 있으며 논술이 비교적 상세하다. 학술지 논문과 비교했을 때, 연구 관련 참고문헌과 관련 지식이 많고, 관련 문헌의 검색에도 많은 도움이 되며, 내용이 체계적으로 구성되어 있어서 중용한 참고자료로서도 가치가 높다.

학위논문은 일반적으로 학위 수여 기관이 소장하고 있으며 학위논문 자동 관리 시스템을 구축하여 목록 검색 서비스와 원문제공까지 아우르는 서비스를 갖추고 있다. 이 밖에도 나라별로 또는 전문기구나 회사에서 학위논문 데이터베이스를 구축하고 검색서비스를 제공하고 있다.

많이 사용되는 중국의 대학교와 학술연구 기관의 학위논문 데이터베이스는 CNKI(中國知網)의 중국 우수 석박사 학위논문 데이터베이스 (http://acad.cnki.net/Kns55/brief/result.aspx?dbPrefix=CDFD), 만방(萬方) 데이터의 중국학위논문데이터베이스 (http://c.wanfangdata.com.cn/Thesis.aspx), 중국국가과학기술정보센터 (NSTL)의 중국학위논문 데이터베이스 (http://www.nstl.gov.cn/) 등이 있다.

한국의 학위논문 데이터베이스는 한국 '학위논문원문공동이용공유협의회'의 전국대학교학위논문검색 (http://thesis.or.kr)과 한국교육학술정보원의 RISS(http://www.riss.kr)가 있다.

第 6 课 > 预约与续借

>>> 예약 및 대출연장

서양 학위논문 목록 검색과 원문 텍스트를 제공할 수 있는 데이터베이스는 주로 PQDT(http://search.proquest.com/pqdt) 와 FirstSearch-WorldCat Dissertations(http://firstsearch.oclc.org/dbname=WorldCatDissertations;FSIP) 가 있다.

> # 第 7 课
>>> 제 7 과

馆际互借
상호대차

> 馆际互借

>>> 상호대차

场景 상황

李准基想要借一本《望乡》，但是他所在大学的图书馆没有这本书，要到哪里才能借到呢？他走去问咨询台的老师……

이준기 씨는 <망향>이라는 책을 빌리고 싶었지만, 학교도서관에 이 책이 없네요. 어디에 가서 빌릴 수 있을까요? 이준기씨는 안내 데스크에 가서 물어보기로 합니다…

◎ 李准基：我想借一本《望乡》，您看看我们图书馆有这本书吗？

이준기 : <망향>이라는 책을 빌리고 싶은데요, 이 책이 도서관에 있는지 확인해 주실 수 있나요?

◎ 图书馆员：请稍等，我帮您查询一下。哦，

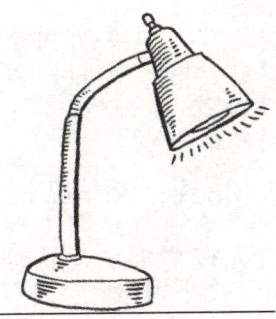

对不起，图书馆没有收藏这本书。

도서관 사서 : 확인해 드리겠습니다 . 잠깐만 기다려주세요 . 아 , 죄송하지만 이 책은 우리 도서관에 소장되어 있지 않습니다 .

◎ 李准基: 那我怎么才能借到这本书？

이준기 : 그럼 이 책을 빌리려면 어떻게 해야 하나요？

◎ 图书馆员：您可以使用我们的馆际互借服务来申请借阅其他图书馆收藏的该书。

도서관 사서 : 우리 도서관에서는 국내외 다른 도서관의 소장자료를 대출해주거나 복사해주는 상호대차 서비스를 제공하고 있습니다 . 한번 이용해 보실래요？

◎ 李准基: 馆际互借服务？

이준기 : 상호대차 서비스요？

◎ 图书馆员：对，这是图书馆提供的一种代读者向其他图书馆申请借书的服务。

도서관 사서 : 네 , 상호대차란 도서관이 이용자를 대신해 해당 자료를 소장하고 있는 국내외 협력도서관이나 문헌제공기관에 자료의 복사 및 대출을 신청하여 자료를 제공해 드리는 서비스입니다 .

◎ 李准基: 我要怎么使用馆际互借服务呢？

이준기 : 상호대차 서비스를 이용하려면 어떻게 해야 하죠?

◎ 图书馆员: 首先请在联合目录上检索一下，哪个图书馆收藏了这本书。

도서관 사서 : 우선 통합목록에서 검색해 보시고, 이 책이 어느 도서관에 소장되어 있는지 확인하셔야 합니다.

◎ 李准基: 啊, 我查过了, 好像北京大学图书馆就有这本书。

이준기 : 검색을 해봤는데, 북경대학교 도서관에 소장되어 있는 것 같아요.

◎ 图书馆员: 好的, 那您可以登录我们图书馆的馆际互借服务系统, 在线提交这本书准确的书目信息和收藏图书馆的名称以及索书号。

도서관 사서 : 그렇다면, 우리 도서관 상호대차 시스템에 로그인하셔서 온라인으로 소장되고 있는 도서관과 정확한 도서목록 정보 등 신청도서와 관련된 정보를 제출하시면 됩니다.

◎ 李准基: 提交申请后, 我多久可以拿到这本书呢?

이준기 : 신청을 제출하고 나서 얼마나 기다리면 대출이 가능한가요?

◎ 图书馆员: 一般情况下, 从正确提交到图书到馆大概需要7天的时间。图书到馆后, 我们会及时通过短信或者电子邮件的方式通知您的。

도서관 사서 : 서비스 신청 제출일부터 대출 가능 날짜까지 보통 일주일정도 걸립니다. 책이 도서관 도착하면 우리가 바로 이메일과 핸드폰 문자 메세지로 알려 드립니다.

◎ 李准基: 谢谢您, 我现在就去试试。

이준기 : 고맙습니다. 그럼 지금 가서 한번 해 볼게요.

词汇 단어

馆际互借	상호대차
联合目录	통합목록
申请	신청하다
提交	제출하다
书目	도서 목록
试试	해 보다
服务	서비스
查询	검색
在线	온라인
准确的	정확하다
信息	정보
短信	문자 메세지
收藏	소장되다

> 馆际互借
>>> 상호대차

馆际互借与文献传递服务

馆际互借(Interlibrary Loan)就是对于本馆没有的文献，在本馆读者需要时，根据馆际互借制度、协议、办法和收费标准，向外馆借入；反之，在外馆向本馆提出馆际互借请求时，借出本馆所拥有的文献，满足外馆的文献需求。适用于返还式文献和复制－非返还式文献。通过复制方式进行的馆际互借文献也可以通过文献传递方式获取。

中国主要的跨省域的馆际互借系统有国家科技图书文献中心检索系统(NSTL)、中国高等教育文献保障系统(CALIS)文献共享工程、中国高校人文社会科学文献中心检索系统(CASHL)，另外各地区

根据各自的特点组成的一些松散的或紧密的地区文献馆际互借联盟，如北京地区高校图书馆文献资源保障体系(BALIS)、上海地区建立的上海市文献资源共建共享协作网等合作组织，方便本地区的读者利用文献。

韩国国内馆际互借服务有NDSL(韩国科学技术信息研究院)和KERIS(韩国教育学术信息院)提供韩国国内外资料的馆际互借和复印服务。

一般来说，馆际互借使用基本方法如下：
1) 访问服务网站，并注册为会员，如实填写姓名、所属机构等个人详细信息。
2) 通过网站提供的"收藏资料综合目录"检索到所需的资料，并确认其收藏地。
3) 在检索结果画面上直接点击"资料借阅／复印"按钮提交，提示成功即可。
4) 申请的资料到馆后，通过E-mail或者手机短信的方式告知读者，一般都需要支付一定的费用。

상호대차 및 문헌이전 서비스

상호 대차 서비스는 해당 도서관에 도서가 없고 그 도서를 이용자가 필요로 할 경우, 협력 도서관 간의 상호대차 제도에 근거하여 해당 기관과의 대출 방법과 요금 표준을 협의하여 외부 도서관에서 문헌을 대출해 오는 제도를 말한다. 그리고 외부 도서관이 본 도서관에 대출을 요구해 올 경우에도, 우리 도서관이 소장하고 있는 문헌을 외부 도서관의 요구에 맞게 대출해 주기도 한다. 문헌을 외부에 대출해주거나 외부에 대출할 문헌을 복사해서 대출해 주기도 하며, 필요한 문헌을 복사해 도서관 간에 상호대차를 하는 경우 문헌 이전 방식으로 관련 문헌을 획득할 수도 있다.

성(省) 단위를 벗어나는 상호대차 시스템은 국가과학기술도서문헌센터 검색 시스템(NSTL)과 중국고등교육문헌보장 시스템(CALIS) 문헌공유공정, 그리고 중국대학인문사회 과학문헌센터 검색시스템(CASHL), 그리고 각 지역 마다 지역 현황에 맞춰 조직되어 있다. 예를 들면 북경지역 대학도서관 문헌자료자원보장시스템(BALIS), 상해지역에 건립된 상해시문헌자원공유협의회 등의 문헌 상호대차 연맹들이 해당 지역의 도서관 이용자들에게 편리한 상호대차 서비스를 제공하고 있다.

한국의 상호대차 제도는 NDSL(한국과학기술정보연구원)과 KERIS(한국교육학술정보원) 등이 한국의 국내외 자료를 대여하고 복사해주는 서비스를 제공하고 있다.

일반적으로 상호대차 서비스의 이용법은 아래와 같다:

馆际互借

>>> 상호대차

1) 서비스를 제공하는 사이트에 실명과 소속기관 등의 상세 정보를 기입하여 회원가입 및 로그인을 한다 .

2) 사이트에서 제공하는 ' 소장자료 통합목록 ' 을 검색하여 필요한 자료 및 소장처를 파악한다 .

3) 검색 결과화면에서 ' 자료대여 및 복사 ' 를 선택하여 ' 클릭 ' 한다 . 요청을 받은 기관에서는 신청을 확인하는 대로 즉시 처리한다 .

4) 신청된 자료가 해당 도서관에 도착한 후 이메일이나 핸드폰 문자 메세지 등의 방식으로 도서 이용자에게 통보가 된다 . 일반적으로 소량의 요금이 부과된다 .

第 8 课

>>> 제 8 과

还书与罚款
반납과 연체료

第 8 课
제 8 과

> 还书与罚款
>>> 반납과 연체료

场景 1 还书
상황 1 도서 반납

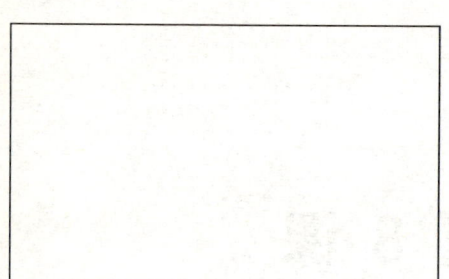

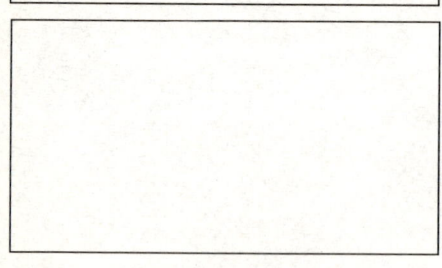

◎ 崔英爱：老师，我还一下书。
최영애 : 선생님 , 책을 반납하겠습니다 .

◎ 图书馆员：把书给我。好，还书成功了。你也可以使用那边的 24 小时自助还书机还书。
도서관 사서 : 네 , 책을 주세요 . 책이 반납되었습니다 . 저쪽에 설치되어있는 24 시간 자동반납기계로도 도서 반납이 가능합니다 .

◎ 崔英爱：自助还书机怎么使用呢？
최영애 : 자동반납기계의 사용방법을 가르쳐 주실래요?

◎ 图书馆员：很简单，只要把要还的书上贴条码的封面向上平整地放入自动还书机还书口，还书机会自动进行还书操作。

도서관 사서: 매우 간단합니다. 반납 수납창에 바코드가 붙어있는 책 표지를 위로 향하게 하고 수평으로 놓으면 다음 자동반납기가 자동으로 수납과 도서 반납 작업을 대신 실행하게 됩니다.

◎ 崔英爱: 谢谢您! 下次我一定试一下。

최영애: 예, 알겠습니다. 다음에 꼭 한 번 해볼게요.

◎ 图书馆员: 对不起, 同学, 你还的书超期了, 需要交纳超期罚款。

도서관 사서: 죄송합니다만, 방금 반납된 책의 대출 기한일이 지났는데, 연체료가 나왔습니다.

◎ 图书馆员: 同学你有罚款。

도서관 사서: 연체료가 나왔습니다.

◎ 崔英爱: 是吗? 有多少钱的罚款呀?

최영애: 그래요? 연체료가 얼마 나왔어요?

◎ 图书馆员: 有七角钱的罚款。

도서관 사서: 연체료는 7전입니다.

◎ 崔英爱: 为什么会有罚款呢。

최영애: 왜 연체료가 나온 거죠?

◎ 图书馆员: 这本书你延迟了一个星期归还。按照规定: 图书过期一天罚款一角。你这本书超期七天，合计罚款七角。

도서관 사서 : 일주일 연체하셨습니다. 규정상으로 반납 기한일이 지나는 경우에는 하루에 1전입니다. 즉 7일이 지났기 때문에 총 7전이죠.

◎ 崔英爱：好的，我知道了。那我要在哪里缴罚款呢？

최영애 : 네, 알겠습니다. 연체료를 어디서 내는 거죠?

◎ 图书馆员：可以使用自助罚款机，只需刷校园卡就可以了，或者在出纳台使用现金交罚款。

도서관 사서 : 스마트 카드를 가지고 저쪽에 있는 연체료 자동 납부기계를 사용하면 자동으로 지불이 가능하며, 또한 대출대에서 현금으로 지불해도 가능합니다.

◎ 崔英爱：好的，谢谢！

최영애 : 네, 감사합니다.

◎ 崔英爱：老师，我把图书馆的书弄丢了。

최영애 : 선생님, 도서관에서 빌렸던 책을 아무리 찾아도 못 찾겠습니다. 아무래도 잃어버린 것 같습니다.

◎ 图书馆员：你确定弄丢了，是吗？

도서관 사서 : 책을 잃어버린 게 확실한 겁니까?

◎ 崔英爱：是的。我需要交罚款吧？我要交多少钱呢？

최영애 : 네, 그런 것같습니다. 책값을 물어야 되겠죠? 돈이 얼마죠?

◎ 图书馆员：你借的这本书是 2004 年出版的图书，原价 35 元。

按照规定，你要交付原价的两倍金额，也就是 70 元，加上 10 元处理费，再加上保管费。保管费是当前年减去出版年的年差，按每年一元钱计算。2004 年到 2012 年的保管费是 8 元。所以你一共要缴纳 88 元。

도서관 사서: 빌려가신 책은 2004년 출판된 책이고, 원가는 35위안입니다. 규정에 따르면 원가의 두 배인 70위안을 배상하셔야 합니다. 그리고 10위안의 처리비용과 보관료가 추가됩니다. 보관료는 올해의 연도에서 책의 출판연도를 뺀 값인데, 매년 1위안씩 계산합니다. 2004년부터 올해까지 보관료는 8위안입니다. 총 88위안을 내셔야 되겠네요.

◎ 崔英爱: 老师，我还有一本国外出版的书可能也弄丢了，要怎么缴纳罚款呀？

최영애: 선생님, 그리고 아무래도 다른 외국 출판사의 책 한 권도 잃어버린 것 같아요. 어떻게 벌금을 내죠?

◎ 图书馆员: 国外出版的图书丢失后，你要交付的罚款是原价以当前汇率换算成人民币的两倍，之后同样要再交付 10 元处理费，以及保管费。

도서관 사서: 외국 출판사의 도서 같은 경우는 원가를 당일 환율로 환산한 인민폐로 계산합니다. 두 배를 지불 하셔야 하구요, 마찬가지로 10위안의 처리비용과 보관료가 있습니다.

◎ 崔英爱: 那可是一笔不小的费用。

최영애: 이 만큼 돈이면 학생에게 적은 돈이 아닙니다.

◎ 图书馆员: 是呀，如果

你在一个月之内找到原书, 可持原书刊和赔款收据办理退款手续, 同时从赔款之日起计算并交纳逾期滞纳金。

도서관 사서 : 그래요 . 만약 한달 안에 분실한 책을 찾는다면 배상한 책과 벌금을 다시 돌려주도록 수속을 밟으면 됩니다 . 그리고 대출 기한일부터 배상 당일까지 연체료도 내야 됩니다 .

◎ 崔英爱: 那我再仔细找一找。

최영애 : 그럼 제가 다시 꼼꼼히 찾아 보도록 하겠습니다 .

词汇 단어

自动还书机	자동반납기
超期	기한일이 자나다
缴纳	내다
角	전 (10 角 =1 元)
星期	요일
元	위안 (1 위안 =180 원)
校园卡	스마트카드
出纳台	대출대
现金	현금
钱	돈
哪里	어디

电子书

　　中国国内电子书产业发展非常快。目前在中国国内，新浪 (http://book.sina.com.cn)、网易 (http://book.163.com)、搜狐 (http://book.sohu.com/) 等大型门户网站的读书频道提供了很多在线的电子书；一些传统的图书出版商也加工制作了一定数量的电子书，供用户下载和阅读。此外，一些专业的电子书数据库商通过购买等方式获取出版物版权后，也制作了大量的学术研究价值很高的电子书数据库。中文电子书网站和数据库中，综合性的电子书数据库有超星电子图书 (http://www.ssreader.com)，书生之家 (http://www.21dmedia.com)，圣典 E-BOOK (http://www.cndlib.com) ，CALIS 高校教学参考书全文数据库 (http://reserve.calis.edu.cn/dlib) 等。

　　韩国国内的很多出版社和书店，不仅经营传统印刷型图书的出版和销售，同时也是电子图书的出版和传播的主要机构。主要的韩国语电子图书网站和数据库有韩国教保文库电子图书 (http://scholar.dkyobobook.co.kr)，YES24 网络书店 (http://www.yes24.com)，KoreaA2Z 韩国学电子图书 (hthttp://gate.dbmedia.co.kr) 等。

전자책

　　중국의 전자책 산업은 매우 빠르게 발전하고 있다. 현재 중국 국내에는 주로 SINA(新浪, http://book.sina.com.cn), 163(网易, http://book.163.com), SOHU(搜狐, http://book.sohu.com) 등 대형 인터넷 포털 사이트의 독서 채널에서 다수의 온라인 전자서적을 제공하고 있으며 몇몇 전통적인 도서 출판

> 还书与罚款
>>> 반납과 연체료

사 역시 디지털화를 거친 일정 수량의 전자서적을 이용자들에게 다운로드 서비스를 하고 있다. 이외에도 몇몇 전문적인 전자 데이터베이스 판매업체가 출판물을 구매하여 도서의 디지털화와 판매, 유통 등의 상업 활동을 하며 전문적인 전자 서적 기구로서, 고부가 가치의 학술 연구 데이터베이스를 구축하게 되었다. 주요 중국어 전자서적 인터넷 홈페이지와 데이터베이스는 종합적인 전자서적 데이터베이스인 초성 (超星) 전자책 (http://www.ssreader.com), 서생지가 (書生之家)(http://www.21dmedia.com), 聖典 E-BOOK(http://www.cndlib.com) , CALIS 고등교육참고

서원문데이터데이스 (http://reserve.calis.edu.cn/dlib) 등이 있다.

한국에는 많은 출판사와 서점이 있는데, 이들은 전통적인 인쇄된 도서 관련 경영뿐만 아니라 출판, 판매와 더불어 전자 서적의 출판과 주요 기관에 이전을 하고 있다. 주요 한국어 전자책 웹사이트와 데이터베이스는 한국 교보문고 전자서적 (http://scholar.dkyobobook.co.kr) 과 YES24 인터넷 서점 (http://www.yes24.com) , 한국학에 관한 KoreaA2Z 이북 데이터베이스 (http://gate.dbmedia.co.kr) 등이 있다.

第 9 课

>>> 제 9 과

期刊阅览室
학술지 열람실

第9课
第9课

> ## 期刊阅览室
> >>> 학술지 열람실

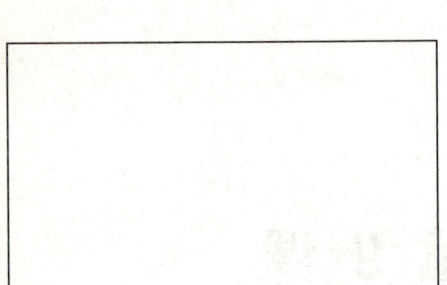

场景 상황

金恩慧走进期刊阅览室，面对种类繁多的期刊，怎样才能找到自己想要的那本呢？去找咨询台的老师问问吧……

김은혜 씨는 학술지 열람실에 왔습니다. 그는 수많은 학술지을 보고 도대체 어떻게 자신이 원하는 자료를 찾아야 할지 궁금했습니다. 그래서 안내데스크에 가서 물어보기로 합니다…

◎ 金恩慧：老师，请问图书馆有语言、文学类的期刊吗？
김은혜：선생님, 이 도서관에 언어, 문학 계열의 학술지가 있나요?

◎ 图书馆员：我们馆有包含语言、文学各专业学科在内的中文期刊

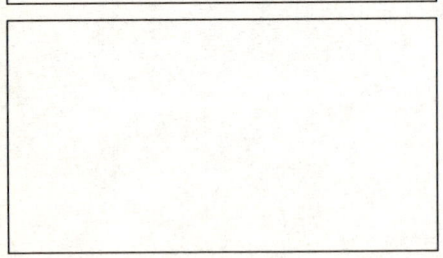

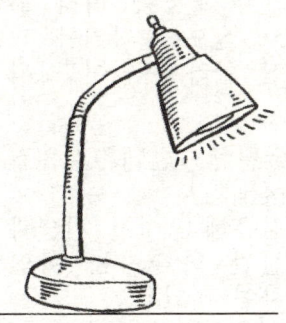

의 대부분은 핵심적인 학
술지입니다 . 그외에도 ,
300 여 종의 문화예술 ,
체육 , 생활 , 시사와 관
련된 주제의 중국어 저널
이 있고 , 180 여종의 외
국 신문도 있습니다 .

◎ 金恩慧: 我到哪里查找
我需要的期刊呢?
김은혜: 어디서 제가 원
하는 저널을 찾을 수 있
나요 ?

◎ 图书馆员: 你要找哪年
的期刊?
도서관 사서 : 어느 해
에 발행된 저널을 찾습니
까 ?

◎ 金恩慧: 今年和去年两
年的。
김은혜: 지난 해부터 올
해까지 2 년동안 발행된
것을 찾습니다 .

◎ 图书馆员: 这里是现刊
阅览室, 只陈列今年出版
的期刊, 去年的期刊存放
在过刊阅览室。
도서관 사서 : 여기는 신
간 학술지를 열람하는 열

3000 多种、外文期刊
100 多种, 其中自然科
学及工程专业的中文
期刊绝大部分是核心
期刊。此外还收藏近
300 种文艺、体育、生
活、时事类中文期刊,
180 多种中外文报纸。
도서관 사서 : 저희
도서관에는 언어 , 문
학을 포함한 각종 전
공의 중국어 저널
3,000 여종 , 외국어
로 된 저널 100 여종
이 있습니다 . 그 중
자연과학과 공학전공
분야의 중국어 저널

람실입니다. 올해 출판된 저널만 진열되어 있고, 지난 해의 저널은 이전 저널 열람실에 있습니다.

◎ 金恩慧: 那我就先查今年的现刊。期刊的查找方法和图书一样吗?

김은혜: 그럼 저는 우선 신간 학술지를 찾아야겠네요. 학술지와 도서의 검색방법은 같습니까?

◎ 图书馆员: 中文现刊和图书一样,是按照中图法分类排架的。外文现刊是按各文种刊名字母顺序排架。你可以通过馆藏目录检索所需期刊。现刊阅览室实行开架阅览,也可以按架标指示自行选刊。

도서관 사서: 중국신간 학술지와 도서는 방법이 같아요. 중국 도서관분류법에 맞춰 배열해 놨죠. 외국의 저널은 각종 저널 이름의 알파벳 순서에 맞춰 배열해 놨습니다. 소장목록 검색

을 통해 저널을 검색하면 됩니다. 현 저널 열람실은 개가열람제로 운영되고 있습니다. 또는 서가에 가서 붙어 있는 안내 분류 번호에 따라 읽고 싶으신 잡지를 직접 골라서 읽어도 됩니다.

◎ 金恩慧: 过刊和现刊有区别吗?

김은혜: 이전 저널과 신간 학술지는 어떤 차이가 있죠?

◎ 图书馆员: 往年的期刊称为过刊,一般装订成合订本存放,我们馆中文过刊阅览室的期刊按刊名笔画排架,外文过刊阅览室的期刊按刊名字母顺序排架,阅览室全部开架阅览,读者可按架标指示自行选刊,也可通过馆藏目录查找所需期刊。

도서관 사서: 예전에 발행된 저널을 이전 저널이라고 부르는데, 일반적으로 합본하여 보관하고 있

습니다 . 우리 도서
관의 중국어 이전 저
널 열람실의 저널은
제목의 글자 필획의
순서에 맞춰 배열해
놨습니다 . 외국어 이
전 저널 열람실의 저
널 역시 제목의 알파
벳 순서대로 배열해
놨습니다 . 열람실은
전부 개가제 열람실
인데 , 서가에서 붙어
있는 안내 분류 번호
에 따라 읽고 싶으신
저널을 직접 골라서
읽으면 됩니다 . 소장
목록 검색을 통해서
검색을 해도 됩니다 .

◎ 金恩慧: 我明白了, 期
刊可以借阅吗?
김은혜 : 알겠습니다 .
학술지도 대출이 되
나요 ?

◎ 图书馆员: 所有期刊只
阅览, 不能外借, 如果
需要, 可凭证办理馆内
复印手续。
도서관 사서 : 모든
저널은 열람실에서만
열람이 가능하고 대
출은 불가능합니다 .

꼭 필요하시다면 도
서관의 저널 복사 수
속을 따르세요 .

◎ 金恩慧: 谢谢老师!
김은혜 : 감사합니다 ,
선생님 .

词汇 단어

期刊	학술지 / 저널
自然科学	자연과학
工程	공학
文艺	문화예술
体育	체육
生活	생활
中图法	중국도서관분류법
过刊	이전 저널
排架	배열하다
哪	어느
阅览室	열람실
陈列	진열 , 배열
今年	올해 / 금년
去年	지난 해
出版	출판 (되다)
笔画	획수
现刊	신간 학술지
核心期刊	핵심적인 학술지

第9课
제9과

> 期刊阅览室
>>> 학술지 열람실

1. 期刊 ISSN 号

ISSN(International Standard Serial Number, 国际标准连续出版物编号) 是根据国际标准 ISO 3297 制定的连续出版物国际标准编码，是世界上每一种不同题名、不同版本的连续出版物固有的国际性的唯一代码标识。ISSN 通常都印在期刊的封面或版权页上。该编号是以 ISSN 为前缀，由 8 位数字组成。8 位数字分为前后两段各 4 位，中间用连接号 "-"，前 7 位数字为顺序号，最后一位是校验位。ISSN 号作为期刊的唯一标识，已经成为期刊的显著标志，每个号码都唯一对应相应期刊的名称及出版单位等信息，使用该号码可以准确、快捷地检索、查找定位和利用期刊。

ISSN 由设在法国巴黎的国际 ISDS 中心管理。与 ISBN 管理类似，一般都设在国家图书馆内。中国 ISSN 中国国家中心 (http://www.nlc.gov.cn/newissn/#) 和韩国文献番号中心 (http://www.nl.go.kr/issn/) 也同样设立于各自的国家图书馆内，负责本国国内的连续出版物 ISSN 号申请和管理。

1. 저널 ISSN 번호

ISSN(국제표준 정기 연속간행물 번호, International Standard Serial Number)는 국제표준 ISO3297에 근거해 제정된 연속간행물의 국제표준 번호이며, 전세계에서 출판되는 저널을 유일하게 식별 할 수 있는 국제번호이다. ISSN 은 보통 저널의 표지나 판권 페이지에 표시된다. 이 번호는 ISSN 을 시작으로, 8 자리 숫자로 구성되어 있다. 8 자리 숫자는 앞뒤 4 자리로 나누어 지며, 중간의 '-' 부호로 연결이 되어있다. 앞의 7 자리 숫자는 순서번호 , 마지막 한자리 숫자는 검증번호이다 . ISSN 번호는 저널의 유일한 식별 코드이며 , 모든 번호는 학술지의 제목 , 출판사 등의 정보를 담고 있으며 , 이 번호를 사용하여 빠르고 정확한 검색과 이용을 할 수 있다 .

ISSN 은 프랑스 파리 국제 ISDS 센터에서 관리하고 있다 . ISBN 관리와 비슷하며 , 일반적으로 지역 기구도 모두 국가도서관에 설립되어 있다 . 중국의 ISSN 중국 관리 센터와 (http://www.nlc.gov.cn/newissn/#) 한국 문헌 번호센터 (http://www.nl.go.kr/issn/) 역시 마찬가지로 국립중앙도서관에 설립되어 있으며 , 자국의 국내 연속 정기 간행물의 ISSN 번호 신청 및 관리를 담당하고 있다 .

2. 期刊的种类

期刊又称杂志，是指有固定名称，用卷、期或者年、季、月顺序编号，按照一定周期出版的成册连续出版物。按照出版的周期，期刊一般可以分为周刊、半月刊、月刊、双月刊、季刊，另外，有些年鉴、手册等定期出版的刊行物的出版频率为半年或一年，被称为半年刊或年刊。按用途不同，可以分为科普类期刊和学术类期刊两大类。学术期刊按主管单位的不同，可以分为省级期刊、国家级期刊、科技核心期刊 (统计源期刊)、中文核心期刊 (北大中文核心)、CSSCI、CSCD、双核心期刊等。

2. 학술지의 종류

학술지는 저널 , 잡지라고 불리기도 하며 , 고유의 명칭 , 권을 쓰고 , 발간 순번은 발행기간이나 년도 , 계절 , 월에 따른다 . 저널은 일정한 주기에 따라 연속적으로 간행된 출판물이다 . 저널은 출판된 주기로 종류를 구분한다 . 일반적으로 주간 , 반월

第9课
제9과

> 期刊阅览室
>>> 학술지 열람실

간, 월간, 격월간, 계간, 그리고 연감이나 편람 등의 반년이나 일년 빈도로 출판된 간행물이 있다. 용도에 따라 크게 과학과 학술의 2분야로 나눈다. 학술지은 성급 핵심적인 학술지, 국가급 핵심적인 학술지이다. 또한 중국과학기술정보연구소의 통계에 의한가 발표된 과학기술 분야의 핵심적인 학술지 리스트, 북경대학교의 통계에 의한 발표된 중국어 핵심적인 학술지 리스트, CSSCI, CSCD 학술지 리스트 등의 중요한 핵심적인 학술지 등이 있다.

> # 第 10 课
>>> 제 10 과

电子阅览室
멀티미디어실

第10课
제10과

> 电子阅览室
>>> 멀티미디어실

场景 상황

李准基很想找一个可以上网的地方，他问图书馆员……

도서관 내에서 이준기 학생은 인터넷 서빙을 하고 싶은데, 어디에서 인터넷을 할 수 있는지를 사서에게 묻는 중이다.

◎ 李准基: 老师, 图书馆哪里能上网?
이준기: 선생님, 도서관 내에서 인터넷을 할 수 있는 곳은 어디입니까?

◎ 图书馆员: 电子阅览室可以上网。
도서관 사서: 도서관 멀티미디어실에서 인터넷을 이용할 수 있습니다.

◎ 李准基: 在电子阅览室上网, 收费吗?
이준기: 이용료는 어

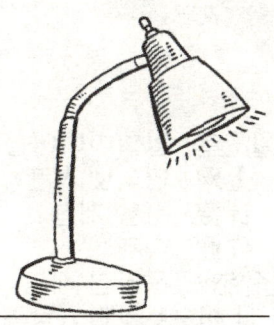

뎋게 계산하는 거죠?

◎ 图书馆员: 校内读者每
小时收费 1 元。
도서관 사서 : 1 시간
당 중국돈 1 위안입니
다 .

◎ 李准基: 刷卡还是现金
收费?
이준기 : 결제는 어떻
게 해야 되죠? 카드
아니면 현금으로요?

◎ 图书馆员: 上机管理系
统会根据使用时间自
动计费,支付现金或刷
卡都可以。

도서관 사서 : 시스템에
서 이용 시간에 따라 자
동으로 비용 계산이 됩니
다 . 현금이나 카드로 결
제가 가능합니다 .

◎ 李准基: 怎么登录上机
管理系统?
이준기 : 로그인은 어떻
게 하는 거죠?

◎ 图书馆员: 上机前先在
前台读卡器刷卡, 屏幕显
示"上机成功"后, 再去
客户机登录上机。登录时
须输入卡号和口令, 登录
成功系统便开始计费。
도서관 사서 : 자리에 앉
아 개인의 아이디 (ID) 와
비밀번호를 입력한 후,
' 확인 ' 버튼을 누르면
' 로그인 성공 ' 이란 창
이 뜹니다 . 이렇게 되면
정상적으로 로그인이 되
며 비용 계산도 시작된
겁니다 .

◎ 李准基: 使用后,要关闭
计算机吗?
이준기 : 이용을 마치면
반드시 컴퓨터를 꺼야 합
니까?

81

◎ 图书馆员: 结束上机要点击桌面下方的"下机"图标,选择"关机",屏幕显示"下机成功",才可离开电子阅览室。

도서관 사서 : 그럴 필요가 없습니다 . 컴퓨터 바탕화면 맨 하단에 ' 로그아웃 ' 란 글자가 적혀있는 작은 로고를 더블클릭하면 "로그아웃 완료"란 창이 뜨는 것을 확인하고 난 후 , 자리를 떠나시면 됩니다 .

◎ 李准基: 在电子阅览室都可以做什么?

이준기 : 멀티미디어실에서 다른 작업도 할 수 있죠?

◎ 图书馆员: 可以上互联网,检索图书馆资源,完成上机作业,但是不能玩电子游戏。

도서관 사서 : 물론이죠 . 인터넷뿐만 아니라 목록검색 , 숙제 , 영상자료 감상 , 데이터베이스 검색 등 작업도 가능합니다 . 하

지만 온라인 게임은 금지되고 있습니다 .

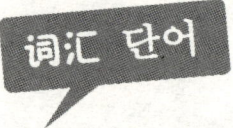

电子阅览室	멀티미디어실
上网	인터넷 서핑
计费	비용 계산
作业	숙제
电子游戏	온라인 게임
上机	로그인 / 등록
下机	로그아웃
桌面	바탕화면
点播	신청 (하다)
打印	출력 / 프린트
图标	로고
刷卡	카드 결제
下载	다운로드
互联网	인터넷
多媒体	멀티미디어
视频资料	영상자료 / 동영상 / 비디오자료
音频资料	녹음자료 / 음성자료 / 오디오자료
登录	로그인
浏览	보다
数据库	데이터베이스 (DB)

知识链接　지식링크

1. 电子阅览室的使用小常识

电子阅览室是指以计算机技术、网络通信技术为基础，集电子型文献（如视频资料、音频资料等）阅览、咨询、培训、服务为一体的现代化多功能阅览室。不仅可以作为学生上网浏览的空间，同时也提供了丰富的数据库资源以供检索和学习。它的主要功能有：

1) 多媒体服务：读者可以根据自己的喜好点播阅览室中存储的电影、电视、音乐和动画等丰富多彩的音像制品，还可以借阅电子图书。

2) Internet 服务：利用多媒体阅读设备，向读者提供图书馆网页上所提供的馆藏书目查询、个人借阅查询、新书通报、联合目录查询、馆际互借查询和图书的预约、参考咨询及图书续借等各项服务。读者还可以在终端随意浏览互联网上的各种信息。

3) 文献获取和输出：读者还可以利用阅览室中的计算机终端对所需的资料进行下载、打印、文件传输和发送 E-mail，从而使得信息资源有效共享，为理论学习和科研服务。

4) 读者教育培训：包括计算机操作培训、数据库检索培训、网络使用培训。

1. 멀티미디어실 사용에 관함

멀티미디어실은 컴퓨터와 인터넷 기술을 바탕으로, 디지털 자료(데이터베이스, 전자책, 녹음자료, 전자 저널, 인터넷 자료 등)의 열람, 상담, 교육 및 서비스를 일체화시킨 현대적 다기능 열람실이며, 학생들에게 인터넷을 서빙하는 장소로 제공되고 있다. 나라에 따

> 电子阅览室
>>> 멀티미디어실

라 다음과 같은 기능이 제공된다.

1) 멀티미디어 자료 열람 서비스 : 전자책이나 이용자들이 선호하는 영화, 영상, 음악이나 사진 등의 풍부한 미디어 자료를 열람실에 신청, 감상, 대출한다.

2) 인터넷 서비스 : 다양한 열람 설비를 통하여 이용자들에게 도서관의 인터넷 홈페이지에서 소장도서 목록을 제공하고, 개인대출 검색, 신착도서 목록 검색, 신착도서 공지, 통합목록 검색, 도서관 상호대차 검색 및 도서 예약, 문의와 도서 대출연장 등을 아우르는 서비스를 제공한다. 이용자는 인터넷 단말기로 인터넷 서적을 보거나 인터넷 상의 각종 정보를 열람 할 수 있다.

3) 문헌 다운로드와 반출 : 이용자들은 열람실의 컴퓨터 단자를 이용하여 자료의 다운로드나 출력,

이메일 전송 등을 할 수 있다. 이리하여 받는 정보자료를 이론 공부나 연구 등의 목적으로 공유할 수 있다.

4) 이용자 교육 : 이용자의 정보 리터러시 능력의 향상을 위하여 컴퓨터 사용법 교육, 정보 검색 교육, 인터넷 사용법 교육 등 다양한 교육 프로그램을 제공하고 있다.

2. 关于电子资源的使用和下载

用户在检索和使用网络文献资源时, 出于版权保护的目的, 不得连续、系统、集中、批量地下载文献（一般数据库商认为, 如果超出正常阅读速度下载文献就视为滥用, 通常正常阅读一篇文献的速度至少需要几分钟）。如果在短时间内有过量下载的行为, 一般情况下, 数据库监测系统将可能自动暂时冻结读者的访问权

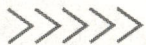

限。未经授权许可的情况下，不要任意复制和传播已经下载的资源。

2. 디지털 자료의 사용과 다운로드

이용자가 데이터베이스를 검색할 때 저작권 보호의 목적으로 집중적으로 대량 다운로드하는 사용 행위에 대하여 엄격하게 감시하고 제어한다. 정상적인 문헌 한 편의 열람 속도는 최소 몇 분이 소요되는 것으로 보고 있기 때문에 일반적으로 데이터베이스 회사에서는 정상적인 열람 속도를 벗어나는 다운로드를 남용으로 판단하고 있다. 보통 짧은 시간 동안 일정량 보다 많은 다운로드가 진행될 경우에는 데이터베이스의 감시시스템이 자동으로 이용자의 신분을 식별해 방문 권한을 제한한다. 사용 권한을 제한 받는 경우에는 데이터베이스 자료에 대한 복제 및 이전, 다운로드를 할 수 없다.

> **第 11 课**
>>> 제 11 과

数据库检索
데이터베이스 검색

# 数据库检索
>>> 데이터베이스 검색

第11课
제11과

场景 상황

李准基想要查一篇论文并下载论文的全文……

이준기 학생은 도서관 사서에게 학술논문의 원문 다운로드에 대한 문의 중…

◎ 李准基: 您好!
이준기: 안녕하세요?

◎ 图书馆员: 有什么需要帮助的吗?
도서관 사서: 무엇을 도와드릴까요?

◎ 李准基: 我想查一篇××教授2003年写的中文论文, 论文名为××, 发表在××刊。
이준기: ××교수님이 2003년에 쓰셨던 중국어 논문을 찾고 싶어요. 논문 제목이 ×× 저널명은 ×× 입

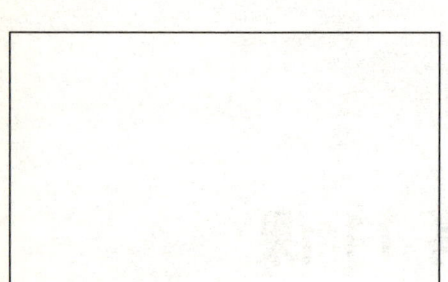

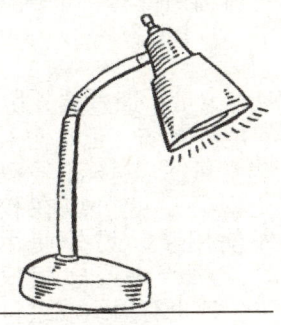

니다.

◎ 图书馆员: 我们图书馆购买的中文期刊数据库收录有该刊。CNKI是中国国内收录期刊最全、最常用的中文数据库，您可以先检索一下CNKI数据库。

도서관 사서: 저희 도서관에서 구입한 중국어 학술 저널 데이터베이스에 방금 말씀하신 저널이 있습니다. CNKI는 중국 학술논문 데이터베이스 중 소장 학술지 종류가 가장 많으며, 제일 많이 사용되는 중국 학술논문 데이터베이스입니다. CNKI를 한번 사용해 보세요.

◎ 李准基: 您能告诉我具体的检索方法吗?

이준기: 구체적인 검색 방법을 가르쳐 주실 수 있으세요?

◎ 图书馆员: 啊, 点击数据库导航页面中的CNKI, 进入到检索页面。可以通过期刊名、著者或论文篇名进行检索。

도서관 사서: 아, 도서관 데이터베이스 안내 페이지에서 CNKI를 클릭하세요. 그럼 검색 화면으로 갈 수 있어요. 저널명, 저자, 논문 타이틀 등으로 자료 검색이 가능합니다.

◎ 李准基: 我可以下载原文吗?

이준기: 원문 텍스트 다운로드는 가능한가요?

◎ 图书馆员：大部分数据库都可以免费下载。点击检索到的结果，进入详细信息页面，在页面的上部有下载原文链接，点击即可下载原文。

도서관 사서：대부분의 데이터베이스에서는 무료 원문 다운로드가 가능합니다. 검색 결과를 클릭하시고 '상세정보' 화면으로 넘어가면 페이지의 윗부분에 '원문 텍스트' 란 버튼이 있는데, 클릭을 하면 원문 텍스트를 다운로드할 수 있습니다.

◎ 李准基：下载后，怎么打不开呢？

이준기：논문 파일을 다운로드 받았는데 왜 열리지 않습니까？

◎ 图书馆员：您需要先安装 PDF 阅读器才可以浏览。

도서관 사서：먼저 'PDF 뷰어'를 설치해 놓아야 원문 보기가

능합니다.

◎ 李准基：我是否可以在家里使用图书馆订购的数据库呢？

이준기：집에서도 도서관에서 구독한 데이터베이스를 사용할 수 있나요？

◎ 图书馆员：通过校外访问控制系统，正确输入学生证或工作证号码及密码后就可以在校外使用了。另外使用时，须严格遵守版权法，禁止有组织或过量下载电子资料。

도서관 사서：예, 물론이죠. 도서관 외부 접속제어시스템을 방문하여 정확한 아이디(ID)와 비밀번호를 입력한 후 교내와 같이 검색과 다운로드할 수 있습니다. 또한 저작권법에 따라 전자 자료를 집중적으로 과잉 다운로드하는 사용 행위에 대하여 엄격하게 감시하고 제어한다.

◎ 李准基: 如果使用中遇到不能下载或其他问题，我该怎么办呢？
이준기 : 만약 사용시 ' 다운로드 ' 가 안되거나 다른 문제가 생기면 어떻게 하죠 ?

◎ 图书馆员: 您可以反复多试几次。如果还不行的话您还可以咨询图书馆员。
도서관 사서 : 몇 번 반복해 보시고 계속 안되면 도서관 담당 사서에게 문의하세요 .

◎ 李准基: 非常感谢！
이준기 : 감사합니다 !

◎ 图书馆员: 别客气。
도서관 사서 : 별 말씀을요 .

词汇 단어

数据库	데이터베이스 /DB
下载	다운로드
论文	논문
期刊	저널 / 학술지
免费	무료
订购	구독
电子资料	전자 자료
原文	원문 텍스트
链接	링크
咨询	질문 / 문의 (하다)
图书馆员	사서
校外访问控制系统	외부접속제어시스템
阅读器	뷰어
版权法	저작권법
过量	과잉

第11课
제11과

> 数据库检索
>>> 데이터베이스 검색

知识链接　　지식링크

文献数据库

　　文献数据库是指在计算机存储设备上按一定方式储存的文献数据集合，是我们进行信息检索的对象，也是检索系统的信息源。文献数据库是由文档、记录、字段构成。按语种可以将其分为中文数据库、外文数据库;按照查询文献类型需求，主要有图书数据库、期刊数据库、报纸数据库、学位论文数据库、会议论文数据库、专利数据库、标准数据库、多媒体数据库、工具书数据库等;另外根据检索对象文献的完整度，我们可以选择文摘／索引数据库（参考数据库）、全文数据库、事实数据库进行检索和查询，从而方便快速地检索到所需信息。

문헌 데이터베이스

　　문헌 데이터베이스는 컴퓨터의 저장 설비에 일정한 방식으로 저장된 문헌 데이터의 집합체로써 정보검색의 대상이며 혹은 검색시스템의 정보원이기도 하다. 문헌 데이터베이스는 문서파일, 기록과 필드단위로 구성되어 있다. 언어의 종류에 따라 중국어 데이터베이스, 외국어 데이터베이스로 분류 할 수 있는데, 정보검색 대상의 종류에 따라 도서데이터베이스, 학술지데이터베이스, 신문 데이터베이스, 학위논문 데이터베이스, 회의논문 데이터베이스, 특허 DB, 표준 데이터베이스, 미디어 데이터베이스, 참고도서 데이터베이스 등으로 분류 할 수 있다. 이외에도 검색 대상 문헌의 완성도에 따라 요약／색인 데이터베이스（참고 데이터베이스）, 논문 원문 데이터베이스, 팩트 데이터（Fact Data）데이터베이스 검색을 할 수 있으며, 이러한 방법을 통하여 빠른 속도로 필요로 하는 정보를 찾을 수 있다.

単词索引
단어 색인

A-F

> 单词索引
>>> 단어 색인

A

| 安静 | 조용하다 | 第 4 页 |
| 按钮 | 버튼 | 第 25 页 |

B

版权法	저작권법	第 91 页
帮助	도움	第 4 页
本科生	학부생	第 42 页
笔画	필획	第 75 页
便利设施	편의시설	第 14 页
别客气	별 말씀을요	第 4 页
博士	박사	第 42 页
不便	불편하다	第 4 页

C

参观	구경 / 관람	第 14 页
参考工具书	참고서	第 14 页
残疾人	장애인	第 14 页
查询	검색	第 59 页
超期	기한일이 자나다	第 68 页
陈列	진열 , 배열	第 75 页
出版	출판 (되다)	第 75 页
出版社	출판사	第 25 页
出纳台	대출대	第 68 页

D

打印	프린트	第 14 页
	출력	第 82 页
大厅	로비	第 35 页
单独	스스로 / 개인	第 14 页
道歉	사과 (하다)	第 4 页

登录	로그인	第 42 页
		第 82 页
点播	신청 (하다)	第 82 页
点击	클릭 (하다)	第 25 页
电话	전화	第 4 页
电梯	엘리베이터	第 14 页
电源	전기 콘센트	第 14 页
电子邮件	이메일	第 4 页
		第 51 页
电子游戏	온라인 게임	第 82 页
电子阅览室	멀티미디어 열람실	第 14 页
	멀티미디어실	第 82 页
电子资料	전자 자료	第 91 页
订购	구독	第 91 页
动态	역동적이다	第 14 页
读卡器	카드 리더기	第 42 页
短信	문자 메세지	第 25 页
		第 51 页
		第 59 页
对不起 / 　不好意思	미안하다 / 죄송하다	第 4 页
多媒体	멀티미디어	第 14 页
		第 82 页

F

罚款	연체료	第 42 页
方法	방법	第 25 页
分类法	분류법	第 35 页
分类号	분류 번호	第 25 页
		第 35 页
封底	뒤 표지	第 35 页
服务	서비스	第 59 页
复印	복사	第 14 页
复本	복본	第 51 页

> 单词索引
>>> 단어 색인

G

感谢	감사하다	第	4	页
高级检索 / 　详细检索 / 　专业检索	고급검색 / 　상세검색 / 　전문검색	第	25	页
个人研究	개인 연구	第	14	页
工程	공학	第	75	页
古籍	고서적	第	14	页
馆藏	소장 (자료)	第	25	页
馆藏地点	소장처	第	35	页
馆藏位置	소장 위치	第	25	页
馆际互借	상호대차	第	59	页
馆内阅览	관내 열람	第	14	页
归还	반납 (하다)	第	42	页
规定	규정	第	4	页
过刊	이전 저널	第	75	页
过量	과잉	第	91	页
过期	기한일이 지나다	第	42	页

H

韩国	한국	第	4	页
汉语	중국어	第	4	页
合作	협조	第	14	页
核心期刊	핵심적인 학술지	第	75	页
互联网	인터넷	第	82	页
还书	도서 반납	第	4	页
会议室	회의실	第	14	页

J

计费	비용 계산	第	82	页
记录	항목 / 아이템	第	25	页

检索	검색 (하다)	第 25 页
检索窗	검색창	第 25 页
检索画面	검색화면	第 25 页
检索途径 / 检索点	검색 경로	第 25 页
建筑面积	건축 면적	第 14 页
角	전	第 68 页
	(10 角 =1 元)	
缴纳	내다	第 68 页
借期	대출 기한일	第 42 页
		第 51 页
借书	도서 대출	第 25 页
借阅	대출	第 42 页
借阅期限	대출 기한일	第 4 页
借阅台	대출대	第 25 页
借阅证	대출카드 /	第 42 页
	학생증 /	
	스마트카드	
今年	올해 / 금년	第 75 页
具体	구체적	第 35 页

K

咖啡厅	카페	第 14 页
开馆时间	개관시간	第 14 页
开架	개가	第 25 页

L

理解	이해하다	第 4 页
联合目录	통합목록	第 59 页
链接	링크	第 91 页
浏览	보다	第 82 页
论文	논문	第 91 页

M

免费	무료	第 91 页
目录	목록	第 25 页
		第 35 页

N

哪	어느	第 75 页
哪儿	어디	第 4 页
哪里	어디	第 68 页
你 / 您好	안녕하세요	第 4 页

O

| OPAC | 온라인 도서 목록 | 第 25 页 |

P

排架	배치 (하다)	第 35 页
	배가 (하다)	第 75 页
排列	배열 (하다)	第 35 页

Q

期刊	저널 / 학술지	第 75 页
	저널	第 91 页
钱	돈	第 68 页
请求 / 拜托	부탁하다	第 4 页
去年	지난 해	第 75 页

S

扫描	스캔하다	第 42 页
善本	선본도서	第 14 页
上机	로그인 / 등록	第 82 页
上网	인터넷 서빙	第 82 页
设备	설비	第 14 页
申请	신청하다 / 지원하다	第 14 页
		第 59 页
生活	생활	第 75 页
食物	음식물	第 4 页
试试	해 보다	第 59 页

视频资料	영상자료 / 동영상자료 / 비디오자료	第 82 页
收藏	소장하다	第 25 页
	소장되다	第 59 页
手机	핸드폰	第 51 页
手机短信	핸대폰 문자 메세지	第 25 页
书标	라벨	第 35 页
书脊	책등	第 35 页
书架	서가	第 35 页
书名	도서명 / 제목	第 25 页
	서명	第 35 页
书名页	책 표지	第 35 页
书目	도서 목록	第 25 页
		第 59 页
输入	입력하다	第 25 页
数据库	데이터베이스 /DB	第 82 页
		第 91 页
数字	숫자	第 35 页
刷卡	카드를 대다	第 14 页
	카드 결제	第 82 页
顺序	순서	第 35 页
硕士	석사	第 42 页
索书单	대출 청구표	第 25 页
索书号	청구번호	第 25 页
		第 35 页

T

特色藏书	특별한 장서	第 14 页
提交	제출하다	第 14 页
		第 59 页
体育	체육	第 75 页
条码	바코드	第 42 页
停车位	주차장	第 14 页
投影	프로젝터	第 14 页

> 单词索引
>>> 단어 색인

图标	로고	第 82 页
图书馆	도서관	第 4 页
图书馆员	사서	第 91 页
团体研讨	그룹	第 14 页

W

外借	대출 (하다)	第 14 页
网	인터넷	第 14 页
网站	웹사이트	第 42 页
卫生间	화장실	第 14 页
位置	위치	第 35 页
文艺	문화예술	第 75 页
无障碍通道	장애인 전용 통로	第 14 页

X

系统	시스템	第 25 页
细分	세분하다	第 35 页
下机	로그아웃	第 82 页
下载	다운로드	第 82 页
		第 91 页
现金	현금	第 68 页
现刊	신간 학술지	第 75 页
详细信息	상세 정보	第 25 页
校外访问控制系统	외부접속시스템	第 91 页
校园卡	스마트카드	第 68 页
携带	반입	第 4 页
新书	신착도서	第 14 页
信息	정보	第 59 页
星期	요일	第 68 页

需求	수요	第 14 页
续借 / 延期	대출연장	第 42 页
		第 51 页
选择	선택 (하다)	第 25 页
	누르다	第 42 页
询问	문의하다	第 4 页

Y

严禁	금지	第 4 页
研究生	대학원생	第 42 页
音频资料	녹음자료 / 음성자료 / 오디오자료	第 82 页
饮料	음료수	第 4 页
饮水机	정수기	第 14 页
预约	예약 (하다 / 되다)	第 14 页
		第 42 页
		第 51 页
元	위안 (1 원안 =180 원)	第 68 页
原文	원문 텍스트	第 91 页
阅读器	뷰어	第 91 页
阅览室	열람실	第 75 页

Z

再	또 / 다시	第 4 页
在线	온라인	第 59 页
展览厅	전시장	第 14 页
找	찾다	第 35 页
指定区域	지정구역	第 4 页
中图法	중국도서관분류법	第 75 页
种	종류 / 종	第 14 页
种次号	종류 기호	第 35 页
著者	저자	第 25 页
专用	전용	第 14 页
准确的	정확하다	第 59 页

> 单词索引
>>> 단어 색인

桌面	바탕화면	第 82 页
咨询	질문 / 문의 (하다)	第 91 页
咨询台	안내 데스크	第 4 页
资源列表	전자자원 리스트	第 91 页
自动还书机	자동반납기	第 68 页
自动借书机	자동대출기	第 42 页
自然科学	자연과학	第 75 页
自修室	스터디룸	第 14 页
自助	자동 / 셀프	第 14 页
自助借还	자동 대출 반납	第 42 页
字母	알파벳	第 35 页
左	왼쪽	第 35 页
作业	숙제	第 82 页